交通运输脱贫攻坚成效监测评估技术与实践

范文涛 刘柳杨 张晓征 田 亮 刘振华 编著

人民交通出版社股份有限公司

北 京

内 容 提 要

本书以2011年以来交通运输部科学研究院承担的多项交通运输脱贫攻坚相关的研究成果为基础,全面阐述、总结了交通运输脱贫攻坚成效监测评估的关键技术与实践。本书重点介绍了农村公路基础数据精准采集与识别技术、交通扶贫项目精准跟踪管理技术、交通扶贫全链条管理体制机制,并且对基于以上关键技术开展的应用实践进行了总结。

本书可以作为交通运输主管部门管理人员学习重大政策监测评估方法的材料,也可以用于指导管理或技术人员研发、应用相应的公路基础数据管理技术以及交通建设项目跟踪监测与评估技术。

图书在版编目(CIP)数据

交通运输脱贫攻坚成效监测评估技术与实践 / 范文涛等编著. — 北京：人民交通出版社股份有限公司,2022.7

ISBN 978-7-114-17997-6

Ⅰ.①交… Ⅱ.①范… Ⅲ.①交通运输业—扶贫—效果—研究—中国 Ⅳ.①F512

中国版本图书馆 CIP 数据核字(2022)第091947号

Jiaotong Yunshu Tuopin Gongjian Chengxiao Jiance Pinggu Jishu yu Shijian

书　　名：	交通运输脱贫攻坚成效监测评估技术与实践
著 作 者：	范文涛　刘柳杨　张晓征　田　亮　刘振华
责任编辑：	齐黄柏盈
责任校对：	孙国靖　龙　雪
责任印制：	刘高彤
出版发行：	人民交通出版社股份有限公司
地　　址：	(100011)北京市朝阳区安定门外外馆斜街3号
网　　址：	http://www.ccpcl.com.cn
销售电话：	(010)59757973
总 经 销：	人民交通出版社股份有限公司发行部
经　　销：	各地新华书店
印　　刷：	北京交通印务有限公司
开　　本：	787×1092　1/16
印　　张：	11.5
字　　数：	240千
版　　次：	2022年7月　第1版
印　　次：	2022年7月　第1次印刷
书　　号：	ISBN 978-7-114-17997-6
定　　价：	68.00元

(有印刷、装订质量问题的图书由本公司负责调换)

本书编写人员

主要编写人员：范文涛　刘柳杨　张晓征　田　亮　刘振华

参与编写人员：周晓航　范振宇　汪　忠　崔应寿　尚赞娣
　　　　　　　　王　涛　翟　威　尚春璐　姚金莹　马景宇
　　　　　　　　张　龙　刘　方　郭尚峰　王　哲　胡希元
　　　　　　　　周　舟　路敖青　黄窈蕙　马　骁　闫　馨
　　　　　　　　檀奥龙　武瑞利　张若旗　段晓辉　张淑珍
　　　　　　　　卢子璘

顾　　问：李作敏　王晓曼　于胜英　孔凡国　石宝林

前 言
PREFACE

党的十八大以来,以习近平同志为核心的党中央把脱贫攻坚摆在治国理政突出位置,把脱贫攻坚作为全面建成小康社会的底线任务和标志性指标。交通运输在脱贫攻坚中发挥基础性、先导性作用。党中央、国务院在《中国农村扶贫开发纲要(2011—2020年)》《关于打赢脱贫攻坚战的决定》《关于支持深度贫困地区脱贫攻坚的实施意见》等政策文件中均对交通运输脱贫攻坚提出了明确目标和任务要求。交通运输部党组认真贯彻落实党中央决策部署,把交通运输脱贫攻坚作为"十二五""十三五"的引领性战略和各项工作的重中之重,举全力推进交通运输脱贫攻坚,先后组织编制了《集中连片特困地区交通建设扶贫规划纲要(2011—2020年)》《"十三五"交通扶贫规划》等交通扶贫发展规划,向党和社会做出了交通扶贫的庄严承诺。

交通扶贫建设的关键在农村公路。"十二五"初期,全国农村公路里程近360万公里,建设项目数量多、规模小、覆盖范围广、需求变动频繁,农村公路行业管理基础薄弱、过程监控难、评估方法缺失,难以实现项目的精细化管理,无法及时、准确地评估交通运输扶贫目标任务的完成情况,不能全面满足精准脱贫攻坚的要求。

为了解决以上问题,需要对交通运输脱贫攻坚成效监测评估关键技术进行研究,研究智能高效的交通基础数据管理技术,精准跟踪交通扶贫目标任务完成情况,确保小康路上决不让任何一个地方因交通而掉队;研究项目跟踪监测技术,对项目建设过程进行精准跟踪、管理;研究科学合理的交通扶贫政策跟踪评估方法,保障政策实施效果。

本书聚焦三个核心目标。一是"识别业务难点"：在分析交通运输脱贫攻坚成效监测和评估业务需求的基础上，对比现有相关技术的发展和应用水平，识别出亟待解决的难点问题。二是"研究关键技术"：针对亟待解决的难点问题，提出拟解决的关键技术，并重点研究解决其中的技术难点，形成满足交通运输脱贫攻坚成效监测和评估业务需求的关键技术集合。三是"技术应用实践"：应用研究提出的关键技术，开展交通运输脱贫攻坚成效监测和评估实践工作，并分析各项工作、成果取得的效果与产生的效益。

本书共分6章，各章主要内容如下：第1章阐述了交通运输脱贫攻坚成效监测评估的背景与意义，对国务院开展的国家精准扶贫成效第三方评估和四川省扶贫政策效应跟踪研究的做法与经验进行了总结；第2章总结了交通运输脱贫攻坚的目标任务、业务需求和现有技术基础，基于此分析了交通运输脱贫攻坚成效监测评估亟待解决的难点问题；第3~5章是项目研究的3个领域的关键技术，其中第3章为农村公路基础数据精准采集与识别技术，第4章为交通扶贫项目精准跟踪管理技术，第5章为交通扶贫全链条管理体制机制；第6章为应用关键技术开展的交通运输脱贫攻坚成效监测评估工作、实践及取得的效果。

本书集成了2011—2020年期间多个交通运输脱贫攻坚相关战略规划政策项目的研究成果，阐述了一系列监测评估关键技术，并介绍了已经开展的多层次的实践工作。本书可以作为交通运输主管部门管理人员学习重大政策监测评估方法的材料，也可以用于指导管理或技术人员研发、应用相应的公路基础数据管理技术和交通建设项目跟踪监测与评估技术。

限于我们的水平，书中疏漏、不当之处在所难免，敬请读者批评指正。

编著者

2022年3月

目 录
CONTENTS

第1章 概述 ... 1
  1.1 交通运输脱贫攻坚成效监测评估的背景及意义 ... 1
  1.2 扶贫评估相关研究现状 ... 3

第2章 交通运输脱贫攻坚成效监测评估需求与难点 ... 8
  2.1 业务需求 ... 8
  2.2 技术基础 ... 11
  2.3 亟待解决的难点问题 ... 13

第3章 农村公路基础数据精准采集与识别技术 ... 15
  3.1 移动互联技术应用 ... 15
  3.2 基于时间序列的GPS采集轨迹纠正算法 ... 22
  3.3 基于链码的GIS线形比对与筛选算法 ... 25

第4章 交通扶贫项目精准跟踪管理技术 ... 32
  4.1 基于深度神经网络和高分遥感影像的公路数据精准管理技术 ... 32
  4.2 基于时空分析的农村公路数据全生命周期管理技术 ... 44

第5章 交通扶贫全链条管理体制机制 ... 55
  5.1 规划、计划、统计协同化项目监测机制 ... 55
  5.2 交通扶贫监管制度 ... 59
  5.3 交通扶贫评估方法 ... 66

第6章 交通运输脱贫攻坚成效监测评估技术实践与应用 ... 71
  6.1 交通运输脱贫攻坚成效监测评估工作概况 ... 71
  6.2 农村公路基础数据管理 ... 72
  6.3 交通扶贫目标任务跟踪 ... 73
  6.4 交通扶贫项目跟踪监测与督导核查 ... 80
  6.5 交通扶贫政策与绩效评估 ... 81

附录1　交通扶贫项目和资金监督管理办法 …………………………………… 90
附录2　交通运输部关于贯彻落实习近平总书记重要指示精神做好交通建设项目
　　　　更多向进村入户倾斜的指导意见 …………………………………… 94
附录3　交通运输扶贫统计调查制度 …………………………………………… 97
附录4　农村公路基础设施统计调查制度 ……………………………………… 126
参考文献 …………………………………………………………………………… 172

第 1 章 概 述

1.1 交通运输脱贫攻坚成效监测评估的背景及意义

1.1.1 研究背景

中国共产党从成立之日起,就坚持把为中国人民谋幸福、为中华民族谋复兴作为初心使命。2012 年 12 月,习近平总书记在听取河北省、保定市、阜平县经济社会发展特别是扶贫开发工作的汇报后表示,全面建成小康社会,最艰巨最繁重的任务在农村、特别是在贫困地区。没有农村的小康,特别是没有贫困地区的小康,就没有全面建成小康社会。❶ 2012 年底,党的十八大召开后不久,党中央就突出强调,"小康不小康,关键看老乡,关键在贫困的老乡能不能脱贫",承诺"决不能落下一个贫困地区、一个贫困群众",拉开了新时代脱贫攻坚的序幕。党中央把脱贫攻坚摆在治国理政的突出位置,把脱贫攻坚作为全面建成小康社会的底线任务,组织开展了声势浩大的脱贫攻坚人民战争。

交通运输在脱贫攻坚中发挥基础性、先导性作用,行路难、吃水难、用电难、通信难、上学难、就医难是贫困地区群众面临的核心难题。习近平总书记多次作出重要指示批示,要逐步消除制约农村发展的交通瓶颈,为广大农民脱贫致富奔小康提供更好的保障❷;同时,他也曾多次强调,交通基础设施建设具有很强的先导

---

❶ 源自《人民日报》2012 年 12 月 31 日报道《习近平:把群众安危冷暖放在心上 把党和政府温暖送到千家万户》。

❷ 源自《人民日报》2014 年 4 月 29 日 1 版报道《习近平总书记关心农村公路发展纪实》。

作用❶。他在关于农村公路发展的报告上批示强调,特别是在一些贫困地区,改一条溜索、修一段公路就能给群众打开一扇脱贫致富的大门❷。党中央、国务院在《中国农村扶贫开发纲要(2011—2020年)》《关于打赢脱贫攻坚战的决定》《关于支持深度贫困地区脱贫攻坚的实施意见》等政策文件中均对交通运输脱贫攻坚提出了明确目标和任务要求。交通运输行业认真贯彻落实党中央决策部署,把交通运输脱贫攻坚作为"十二五""十三五"的引领性战略和各项工作的重中之重,举全力推进交通运输脱贫攻坚。根据中央扶贫开发工作会议和《中国农村扶贫开发纲要(2011—2020年)》的部署要求,交通运输部组织编制了《集中连片特困地区交通建设扶贫规划纲要(2011—2020年)》。2016年,为支撑打赢脱贫攻坚战,进一步做好精准扶贫、精准脱贫,交通运输部研究编制了《"十三五"交通扶贫规划》,大幅拓展扶贫范围,提出到2020年的交通扶贫目标任务,制定了更加细化、精准的支持政策和保障措施。2018年,为进一步确保交通扶贫目标任务完成,交通运输部印发了《交通运输脱贫攻坚三年行动计划(2018—2020年)》,明确到2020年,贫困地区基本建成"外通内联、通村畅乡、客车到村、安全便捷"的交通运输网络。

1.1.2 研究意义

(1)研究智能高效的交通基础数据管理技术,精准跟踪交通扶贫目标任务完成情况,确保小康路上不让任何一个地方因交通而掉队

交通基础设施,尤其是农村公路在脱贫攻坚中发挥至关重要的作用。要想富,先修路;道路通,百业兴。脱贫致富靠发展,发展先行是交通。习近平总书记曾批示:"四好农村路"建设取得了实实在在的成效,为农村特别是贫困地区带去了人气、财气,也为党在基层凝聚了民心❸。

要做好交通基础数据管理技术研究,准确掌握交通基础设施尤其是农村公路建设进展与成果,为高效、精准跟踪监测交通扶贫目标任务完成情况提供技术手段,支撑交通扶贫目标任务不折不扣地完成,确保小康路上决不让任何一个地方因交通而掉队。

---

❶ 源自《人民日报》2014年4月29日1版报道《习近平总书记关心农村公路发展纪实》。
❷ 源自《人民日报》2014年4月29日1版报道《习近平总书记关心农村公路发展纪实》。
❸ 源自《人民日报》2017年12月26日1版报道《习近平对"四好农村路"建设作出重要指示》。

(2) 研究科学合理的交通扶贫政策跟踪评估方法，提高扶贫资金使用效益，保障政策实施效果

交通扶贫是"十二五""十三五"期行业重大战略与政策，涉及面广、投资额大，经济社会效益明显。按《"十三五"交通扶贫规划》口径，涉及1177个县（市、区），受益群众数量庞大。2012—2020年，全国贫困地区完成公路水路交通固定资产投资超过5万亿元，其中交通运输部投入车购税资金约1.5万亿元。贫困地区"外通内联、通村畅乡、班车到村、安全便捷"的交通运输基础设施网络和服务体系基本形成，贫困地区群众出行难等长期得不到解决的"老大难"问题将普遍解决。

按照交通运输部要求，为了提高决策水平和政策执行力，推进治理体系和治理能力现代化，要做好重大行业政策的评估工作，适时掌握政策落实情况和实施效果，增强政策实效。因此，有必要持续跟踪交通扶贫相关政策措施的实施情况，系统、科学、合理评估政策实施效果，总结经验、查找问题、提出建议，及时优化调整相关政策措施。

1.2 扶贫评估相关研究现状

1.2.1 国家精准扶贫成效评估

2013年11月，习近平总书记在湖南湘西花垣县十八洞村考察时首次提出了"精准扶贫"，强调扶贫要实事求是，因地制宜。❶ 从此，我国开启了"精准扶贫"新篇章。国务院建立了"实施精准扶贫、精准脱贫"重大政策措施落实情况第三方评估机制，通过公开招标优选中国科学院作为评估机构，进行了基础理论、关键技术和方法研究并开展了卓有成效的评估工作。

1.2.1.1 研究了精准扶贫评估的理论体系

（1）第三方评估原理及责任

国家精准扶贫工作成效第三方评估是实施考核评估的重要方式之一，评估基本原理是由第二方——国务院扶贫开发领导小组发起评估任务，通过公开竞标方式并委托第三方机构独立开展评估工作，其任务是重点评估第一方——中西部22

---

❶ 源自《人民日报》（海外版）2016年3月10日报道《习近平治国理政关键词（17）：脱贫攻坚战 吹响集结号》。

个省(自治区、直辖市)党委和政府对第二方制定的扶贫开发政策措施执行情况,服务支撑第二方对第一方确定相关奖惩措施、制定扶贫政策和实施专项治理工作实际需要。

(2)评估指标体系与标准规范

基于乡村贫困化基础理论与精准扶贫原理分析,国家精准扶贫工作成效第三方评估选取了精准识别和精准帮扶两大方面。其中,精准识别的考核指标包括贫困人口识别准确率、贫困人口退出准确率;精准帮扶的考核指标包括因村因户帮扶工作群众满意度,即"两率一度"。第三方评估组负责制定统一的标准规范。

(3)分层抽样原理

中国乡村贫困人口分布呈现出地域广阔且相对集中的空间分异特征,基于精准扶贫政策落实的逐级传导机制,第三方评估分层抽样采取了省、县、村、户四级,突出样本的地域类型、区位条件和典型特征。

1.2.1.2 研究了精准扶贫评估的技术体系

为提高国家精准扶贫成效评估工作效率,保证评估调查信息真实性和数据质量,国家精准扶贫工作成效第三方评估团队探索提出了"两制度、三系统"。"两制度"是指分省团队交叉评估制度、团队成员考试认证合格上岗制度;"三系统"是指精评通App(应用程序)全数字采集系统、数据质量审核与后台管理系统、标准化统计分析与决策系统。国家精准扶贫评估技术体系主要包括六项评估关键技术、四项评估支撑技术、"六合一"设备保障系统三部分,如图1-1所示。

图1-1 国家精准扶贫评估技术体系

1.2.1.3 创新性做法

(1)研发了国家精准扶贫成效第三方评估大数据系统,保障评估数据可靠、可验、可查

为提高评估的速度与效率,保障评估数据可靠性与可验证性,中国科学院评估团队利用现代互联网技术、遥感与地理信息系统技术、云计算技术等,自主研发了国家精准扶贫成效第三方评估大数据系统,用于支撑第三方评估工作人员进行数据采集、管理、验证和分析,以及脱贫攻坚考核评估与规划决策。

(2)应用了基于移动互联技术的数据采集技术

在实践的基础上,中国科学院评估团队将原评估工作中使用的"一套问卷、一支录音笔、一台照相机、一部摄像机、一部 GPS 终端设备、一幅地图"的 6 个功能,集成到手机 App,即"六合一"。

(3)应用了基于多源异构数据的综合验证技术

大数据平台应用了海量的多源异构数据,包括问卷数据、高分辨率遥感影像、交通道路网、照片、录音、录像等,为评估过程提供多方面的数据支撑。

(4)应用了基于空间数据分析的空间分层抽样技术

制定了空间分层抽样原则,即在省域内按照地区差异性抽取典型调查县,在县域内依据区位差异性抽取调查村,在村域内则根据个体差异性抽取调查户。为了在分层抽样中充分体现农户在空间上的分布状况,特别要让"边边角角"农户占有一定比例,在分层抽样中把交通通达度作为重要的分层依据。

(5)基于大数据平台对各年度的各项数据库建库管理

通过大数据平台的管理,一方面保证了历史数据的可查验性;另一方面,借助统计分析模块,决策者可以及时掌握最新年度扶贫成效情况,并与历年情况形成对比。大数据平台的使用,既降低了调研成本、提高了工作效率,又保证了第三方评估数据的客观、公正、科学,同时也实现了数据的历史对比和区域比较。

1.2.2 省级扶贫政策效应跟踪

2018 年,四川省依托国家社科基金项目"农民组织化视角下凉山州脱贫攻坚研究",对精准扶贫的效应进行了跟踪研究。该研究属于政策过程监测评估,在分析四川省精准扶贫实施现状的基础上,总结了面临的主要问题,并提出了四川省精准扶贫的措施优化建议。

(1) 客观评估扶贫政策实施现状

从组织保障与责任体系、财政投入、施策模式与手段、扶贫成效四个方面对精准扶贫实施现状进行了总结分析。在组织保障与责任体系评估方面，对组织机构建设进行评估；在财政投入评估方面，对资金的安排和监管进行了总结评估；在施策模式与手段评估方面，紧密结合政策核心，对扶贫政策的精准性和靶向性进行了评估；在扶贫成效评估方面，对减贫人数、农村居民人均可支配收入增长情况、交通、用电、饮水等发展瓶颈的解决情况，以及新村建设成效、公共服务水平提升等进行了评估。

(2) 深刻剖析政策实施中发现的问题

从精准扶贫政策的精准性、政策实施实际效果、成效评估合理性三个方面进行了问题总结。其中，对精准扶贫政策本身，项目组提出了三个方面的待改进之处：识别精准度仍有待提升，识别标准需要进一步优化；精准与统筹协调难、精准要求与基层创新难的矛盾显现；部分政策及扶贫者的认识模糊。关于政策实施的实际效果，项目组认为：存在"强供给引导、弱需求引致"现象，政策预期与现实约束存在差距。关于脱贫成效评估，项目组认为：脱贫成效评估的基层准备不足，适应性有待提升。

(3) 针对问题提出改进建议

针对以上问题，提出了五个建议：①扶贫供给侧结构性改革与脱贫需求侧能力建设互动发力，整合扶贫资源，重视基层能力建设，提高扶贫工作效率；②创新贫困人口识别方式、扫除扶贫死角，借助信息化手段，提高扶贫工作精准度；③做好精准与统筹协调性制度安排，根据基层实际情况提高基层自由度、调整保障制度；④发展特色产业脱贫，授人以渔稳固扶贫效果，因地制宜选择特色产业，突出基础设施扶贫、生态扶贫；⑤科学组织"成效评估"。

1.2.3 可借鉴的经验

为打赢脱贫攻坚战、圆满完成历史性目标任务，国家、地方政府和科研机构均开展了相关研究，采取了针对性的对策措施，对脱贫攻坚过程和效益效果进行科学有效的监测评估。主要做法和理念如下。

(1) 充分利用先进技术手段，提高监测评估精准性

中国科学院开展的评估在技术体系研究和构建方面投入了大量人力、物力，

充分利用先进技术手段,采取了创新性做法,包括研发了国家精准扶贫成效第三方评估大数据系统,应用了基于移动互联技术的数据采集技术、基于多源异构数据的综合验证技术、基于大数据平台的数据库建库管理技术等。先进技术手段的应用,大大提升了监测评估的效率和质量,为圆满完成评估工作提供了技术支撑。

(2) 做好基础研究,创新理论和体制机制

国务院和省级层面开展的精准扶贫评估,均开展了扎实的基础研究,为评估做好理论方法、体制机制方面的基础积淀。中国科学院在开展国务院"实施精准扶贫、精准脱贫"重大政策措施落实情况的第三方评估时,对评估理论体系、技术体系进行了深入研究。四川省也依托国家社科基金项目"农民组织化视角下凉山州脱贫攻坚研究",对精准扶贫的效应进行了前期研究和监测评估,通过研究创新了评估的体制机制,保障评估的预期效果。

(3) 重视政策实施的过程评估,适时调整优化政策

无论是国务院还是以四川省为代表的省级层面开展的精准扶贫评估,均覆盖了政策实施的全过程,不仅注重结果评估,更注重政策实施过程评估,根据过程评估结果优化调整相关政策,不断提升政策的合理性、精准度。

第2章 交通运输脱贫攻坚成效监测评估需求与难点

2.1 业务需求

2.1.1 交通运输脱贫攻坚成效监测评估目的

"小康路上决不让任何一个地方因交通而掉队"是交通运输部向全社会做出的庄严承诺。为了实现这一承诺,交通运输部进行了顶层设计、统筹规划,陆续印发《集中连片特困地区交通建设扶贫规划纲要(2011—2020年)》《"溜索改桥"建设规划(2013—2015年)》《"十三五"交通扶贫规划》《支持深度贫困地区交通扶贫脱贫攻坚实施方案》《交通运输脱贫攻坚三年行动计划(2018—2020年)》等规划、政策。

交通运输脱贫攻坚成效监测评估有两大核心目的:一是交通扶贫规划有序推进,目标任务保质保量完成;二是确保政策实施效果效益。

2.1.2 交通运输脱贫攻坚成效监测业务需求

为落实精准脱贫工作要求,交通运输脱贫攻坚成效监测工作必须坚持高标准、严要求,做好"事中"密切跟踪与全面监测。

2.1.2.1 监测内容

(1)交通扶贫目标任务的年度完成情况

《集中连片特困地区交通建设扶贫规划纲要(2011—2020年)》明确了交通扶

贫的地域范围,并提出了交通扶贫目标任务。2016 年,交通运输部为确保打赢脱贫攻坚战,研究编制了《"十三五"交通扶贫规划》,大幅拓展了扶贫范围,除集中连片特困地区外,增加了国贫县、革命老区县、少数民族县和边境县,合计 1177 个县(市、区)。同时,调整了部分目标任务,形成了交通运输行业为之奋斗的关键目标任务集。主要的量化关键目标任务见表 2-1。

《"十三五"交通扶贫规划》确定的关键目标　　　　　表 2-1

一、指标类目标			
指标		单位	"十三五"规划目标（至 2020 年）
①县城通二级及以上公路比例		%	98
②乡镇通硬化路比例		%	100
③建制村通硬化路比例		%	100
④乡镇通客车率		%	100
⑤建制村通客车率		%	100
⑥县城建有二级及以上客运站比例		%	80
⑦具有农村客运始发班线的乡镇建有客运站比例		%	100
二、建设类目标			
指标		单位	"十三五"规划数量（至 2020 年）
①国家高速公路	建设完工里程	公里	16000
	在建里程	公里	
②普通国道	建设完工里程	公里	46000
	在建里程	公里	
③乡镇通硬化路	建成里程	公里	8630
	新增通畅乡镇个数	个	246
④建制村通硬化路	建成里程	公里	186000
	新增通畅建制村个数	个	24500
⑤撤并建制村、云南"直过民族"地区自然村通硬化路	建成里程	公里	108000
	其中:撤并村建成里程	公里	83000
	其中:"直过民族"地区自然村里程	公里	25000
	新增通畅撤并建制村及自然村个数	个	30049
	其中:撤并建制村个数	个	21000
	其中:"直过民族"地区自然村个数	个	9049

续上表

指标		单位	"十三五"规划数量（至2020年）
⑥窄路基路面公路加宽改造	建成里程	公里	139000
⑦农村旅游路资源路和产业路	建成里程	公里	31600
⑧安全生命防护工程	所有农村公路安全生命防护工程	公里	300000
	其中:村道上的安全生命防护工程	公里	109000
⑨危桥改造及村道桥梁新改建	所有农村公路危桥改造及桥梁新改建	座	15000
	其中:村道上的危桥改造及桥梁新改建	座	8660
⑩县城客运站	建成投入运营个数	个	150
⑪乡镇运输综合服务站	建成投入运营个数	个	1100
⑫新增及改善航道里程		公里	2600
⑬新增泊位个数		个	80

(2)交通扶贫重点项目的进展情况

要逐个对交通扶贫项目,尤其是中央投资交通扶贫项目进行重点跟踪、监测,定期掌握重点扶贫项目的计划执行情况、资金落实情况、建设进展情况等。

2.1.2.2 监测要求

(1)强化监测精准性

"准":进一步提升数据准确率,准确掌握交通扶贫目标任务完成情况跟踪监测所需的基础数据。

"精":进一步提升数据精确率,对于重点扶贫项目,要掌握每个项目规划情况、计划安排情况、项目投资额、建设进展、资金使用等全方位、全过程的数据。

(2)注重数据时效性

进一步提升监测数据获取的时效性,提高数据采集、统计、汇总的频度,满足按月、按季、按年等不同频度的监测需求。

(3)提升数据丰富性

进一步提升数据的丰富度,拓展数据来源,实现不同来源的数据多方验证、互查互验,确保监测结果准确、可信。

2.1.3 交通运输脱贫攻坚成效评估业务需求

2.1.3.1 评估内容

对交通扶贫相关规划[如《"十三五"交通扶贫规划》《"溜索改桥"建设规划(2013—2015年)》]及规划执行过程中着力推进的重大事件进行跟踪与绩效评估。

2.1.3.2 评估要求

(1)精准评估、实事求是,评估结论经得起群众的质疑

遵循实事求是的原则,依托精准、全面的数据进行客观评估。同时,要创新关键目标的评估机制和模式,关键目标评估认定经得起社会和直接受益人的考验和质疑。

(2)研究理论、创新方法,确保评估结果科学、可信

交通扶贫绩效评估要借鉴相关经验,结合交通扶贫评估的特点,创新评估理论和方法,确保评估结果公正、合理,且有较高的决策参考价值。

2.2 技术基础

2.2.1 农村公路基础数据管理技术

"十一五"期,交通运输部组织开展了全国农村公路通达情况专项调查工作,掌握了全国范围内所有乡(镇)及建制村的公路通达、通畅情况和所有农村公路的属性数据与电子地图数据,并从2007年开始组织开展了全国农村公路基础数据和电子地图更新工作。全国农村公路通达情况专项调查工作和全国农村公路基础数据和电子地图更新工作成果为科学、合理编制"十一五""十二五"和"十三五"全国农村公路发展规划提供了数据保障,同时,为反映农村公路的建设成就和进展情况、跟踪检查各省份的农村公路建设协议执行情况、监测全国农村公路建设进展提供了重要支撑。

但是,农村公路基础数据和电子地图管理技术水平尚不能满足交通扶贫监测评估精准、高效的需求。

一是数据精准度不够。由于缺乏对数据的深度挖掘,数据审核技术手段有

限,导致数据的准确性不够,不能真实反映农村公路实际情况。主要存在三个方面的问题:一是局部路段线性线位与实际存在差异;二是基础属性(如路面宽度、路面类型、技术等级等)填写不准确;三是乡镇和建制村的通达通畅情况填报信息不合理。

二是数据处理效率不够高。基础数据审核、汇总耗时较长,难以高效开展数据更新工作。基础数据和电子地图审核以计算机自动审核为主,人工核实为辅,全国农村公路基础数据和电子地图审核一次(初审、修改、再审、审核通过)的时长约为6个人月。

2.2.2　重点项目跟踪管理技术

交通运输部从"十一五"开始利用信息化手段管理交通固定资产投资规划数据、计划数据、统计数据,由各省份上报中央投资项目的规划数据、计划数据、统计数据。

由于交通固定资产投资规划、计划、统计业务相对独立,管理系统自成体系,跨业务的信息共享、线上协同难以实现,只能通过"基于项目名称精确查找+人工模糊匹配"的方式进行规划数据、计划数据、统计数据的串接。但各省份项目名称填写不规范,且存在规划、计划、统计项目拆分、合并填报的情况,"一对多""多对一""多对多"数据占有一定比例,导致串接成功率和效率较低,不能有效支撑重点项目全生命周期跟踪管理。每次利用基于项目名称人工判断、模糊匹配的方式串接3000个左右的中央投资重点项目的计划数据、统计数据,需要耗费一个熟练工作人员约7个工作日的时间,串接成功率也仅为85%左右。

2.2.3　扶贫监管制度

交通运输行业落实国家宏观要求,在行业监管过程中出台了《交通基本建设资金监督管理办法》等监管制度,从不同的角度、针对不同监管重点,研究出台了一系列资金监管、中央投资项目监管等监管制度。

但是,针对交通扶贫监管,还缺乏明确、体系化的制度要求,各级、各部门在开展交通扶贫监管的过程中缺乏制度依据。可以说,交通扶贫监管制度仍存在较大空白。

2.2.4 评估方法与技术

交通运输行业针对重大政策,开展了相应评估,一般以"事后"评估为主,对部分重大规划进行了中期评估。评估方法多为传统的定性评估与定量评估相结合的方法,其中定性评估主要基于行业统计数据。

与交通扶贫政策评估"精准评估、实事求是,评估结论经得起群众的质疑""研究理论、创新方法,确保评估结果科学、可信"的高要求相比,无论是评估技术还是评估方法,都不能完全满足要求。

2.3 亟待解决的难点问题

与交通运输脱贫攻坚成效监测评估的高要求相比,现有技术、制度和方法还存在诸多不足和薄弱环节,亟待解决的难点问题如下:

(1) 如何进一步提升技术水平,实现农村公路精准化管理,满足监测评估工作对农村公路基础数据的需求

农村公路发展在交通运输脱贫攻坚中发挥至关重要的作用。同时,农村公路管理也是"难中之难",具有"大、小、多、广、变"的特征。"大":农村公路规模庞大,全国农村公路已超过 400 万公里,约占公路总里程的 85%。"小":农村公路单个项目小,平均每个项目的里程约为 1.7 公里❶。"多":农村公路项目数量多,全国每年约有 11 万个农村公路新改建项目。"广":农村公路覆盖范围广,涉及全国 99% 以上的县,且多位于山区或偏远地区。"变":一方面,农村公路的线形线位不同阶段会发生变化,部分路段会废弃、新建,其技术等级、路面类型等属性变动也比较频繁;另一方面,服务的乡镇、建制村变动频繁,存在撤销、合并、搬迁的情况。以 2019 年为例,全国约有 19 万公里的农村公路新建,5 万公里废弃(或调为城市道路),17 万公里线形线位发生变化,6 万公里属性(指标)发生变化;4000 多个乡镇和 5 万多个建制村撤销(含合并)。

如何利用技术手段,准确掌握杂乱、多变的农村公路数据,实现对农村公路的精细化管理,支撑对扶贫进展和目标任务完成情况进行跟踪与确认,是亟待解决的最大难点。

---

❶ 根据 2020 年数据测算得出。

(2) 如何创新技术手段,实现交通扶贫重点项目的全生命周期管理,推动项目有序实施

中央投资交通扶贫重点项目多为投资额大、社会效益好的牵引性项目,在地方脱贫攻坚中意义重大。必须加强对中央投资交通扶贫重点项目的全生命周期管理,及时、准确了解其计划编制情况、项目开工情况、投资完成情况、建设进展情况等。

因此,需要研究规划、计划、统计协同机制,彻底改变规划、计划、统计独立运行的局面,实现对交通扶贫重点项目的全生命周期管理,推动交通扶贫重点项目按计划有序实施。在对项目进行协同化管理的过程中,尤其要解决规划、计划、统计数据"一对多""多对一""多对多"的复杂对应问题,实现精准匹配。

(3) 如何创新监管模式,构建监管体制机制,实现对交通扶贫立体化、全方位监管

交通运输脱贫攻坚是行业重大发展战略,必须强化监管,充分发挥管理效能。传统的监管模式不能满足交通运输脱贫攻坚监管的高要求,必须创新监管模式,构建合理、科学的监管体制机制。一方面要研究监管体系,明确监管机构和职责,充分调动各级部门的积极性、主动性;另一方面,要研究有效的监管手段与方法,确保各级部门交通扶贫监管工作开展有依据、有方法。

(4) 如何创新理论方法,实现科学合理评估交通扶贫绩效,支撑政策优化调整

传统的交通政策评估方法,不能完全满足交通扶贫绩效评估的需求,需要创新评估理论和方法。一是要研究如何完善、丰富评估方法和技术手段;二是要研究如何拓展评估依托数据的来源;三是要研究如何使评估结果真正经得起群众的质疑,促进政策优化调整。

第 3 章 农村公路基础数据精准采集与识别技术

农村公路变动频繁,为了获得精确的农村公路基础数据,需要定期对公路基础设施数据进行采集。"十一五"期,公路数据外业采集采用"PC(个人计算机) + GPS(全球定位系统) + GIS(地理信息系统)"的技术手段,基层工作人员携带 PC 机器、利用 GPS 设备,赴公路基础设施现场进行外业采集,数据采集完成后上传至 GIS 系统中,工作不便、效率较低。

近年来,移动互联技术的快速发展为交通基础设施数据采集提供了新的技术手段。项目研究应用了基于移动互联技术的公路基础设施数据外业采集 App,解决了外业数据采集不便、效率低下的问题。同时,研发了 GPS 采集轨迹纠正算法,对 GPS 采集的线性轨迹进行纠正,进一步提高数据采集精准度;研发了 GIS 系统路线轨迹比对与筛选算法,数据年度更新时进行路线比对与筛选,提高数据入库精准度。

3.1 移动互联技术应用

3.1.1 移动互联技术发展

移动互联是移动和互联网融合的产物,是互联网的技术、平台、商业模式和应用与移动通信技术结合并实践的活动的总称,是一个可同时提供话音、传真、数据、图像、多媒体等高品质电信服务的新一代开放的电信基础网络;由运营商提供无线接入,互联网企业提供各种成熟的应用。我国移动互联网发展历史可归纳为四个阶段:初期阶段、成长阶段、高速发展阶段和全面发展阶段。

第一阶段：初期阶段(2000—2007年)。该阶段的移动应用终端主要是基于WAP(无线应用协议)的应用模式。在这一阶段,受限于移动2G(第二代移动通信)网速和手机智能化程度,我国移动互联网发展处于简单WAP应用期。由于WAP只要求移动电话和WAP代理服务器的支持,而不要求现有的移动通信网络协议做任何改动,被广泛应用于多种网络中。

第二阶段：成长阶段(2008—2011年)。2009年1月7日,工业和信息化部为中国移动、中国电信和中国联通发放3张3G(第三代移动通信)牌照,标志着中国正式进入3G时代。随着3G移动网络的部署和智能手机的出现,移动网速的大幅提升初步破解了手机上网带宽瓶颈,也出现了移动智能终端丰富的应用软件。

第三阶段：高速发展阶段(2012—2013年)。随着手机操作系统生态圈的全面发展,智能手机规模化应用促进了移动互联网快速发展。具有触摸屏功能的智能手机的大规模普及应用解决了传统键盘机上网的众多不便,安卓智能手机操作系统的普遍安装和手机应用程序商店的出现极大地丰富了手机上网功能,移动互联网应用呈爆发式增长。

第四阶段：全面发展阶段(2014年至今)。随着4G(第四代移动通信)、5G(第五代移动通信)网络的部署,移动上网速度得到极大提高。移动通信基础设施的升级换代,促进了我国移动互联网的快速发展,服务模式和商业模式也随之大规模创新与发展,智能手机用户扩张使用户结构不断优化,微信、支付宝、位置服务、视频广播等各种移动互联网应用普及。

移动互联网应用技术,就是借助移动互联网终端(如智能手机、平板电脑等)实现传统的互联网应用或服务。移动互联主要涉及的技术有移动互联网终端设备技术、移动通信网络技术、移动互联网应用技术。图3-1所示为移动互联技术框架示意图。

3.1.2　早期公路数据移动采集App

2005年,为全面、准确掌握全国所有乡(镇)和建制村的农村公路通达情况及全国所有农村公路的技术状况,交通部决定开展全国农村公路通达情况专项调查工作。为方便各级单位开展对乡(镇)和建制村点位及农村公路线形线位的外业调查工作,产生了第一代公路数据移动采集软件。受硬件的限制,当时的移动端采用的是PDA(掌上电脑)设备,配置专门操作系统,所有采集的数据先存储在SD

卡(安全数码卡)上,后期在网络环境具备后通过数据线的方式导入到计算机端进行浏览和编辑。交通部组织开发了"探路者 PDA + GPS 公路数据采集系统",该系统集成 PDA 技术、GPS 技术和 GIS 技术,是软、硬件一体化的公路基础数据采集系统。图 3-2 所示为早期公路移动采集 App 截图。

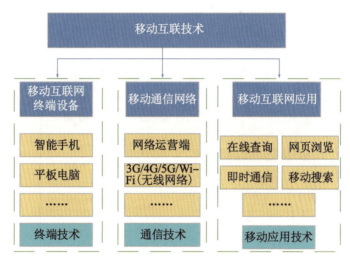

图 3-1　移动互联技术框架示意图

图　3-2

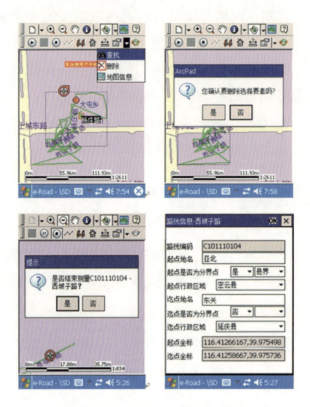

图 3-2　早期公路移动采集 App 截图

3.1.3　新一代公路数据移动采集 App

2012 年,随着移动网络的速度提升、资费降低和智能手机兴起,我国各种手机端应用进入飞速发展阶段。交通运输部组织开发了新一代公路数据移动采集 App。新一代公路数据移动采集 App 在 Android(安卓)的原生框架上进行开发,获取智能手机或平板电脑的 GPS 模块当前位置信息,实现对当前基础设施空间位置采集和基础信息现场调查录入功能,并利用 Pad(平板电脑)或智能手机的摄像功能,采集现场的图片、视频;应用移动互联技术,将采集的线形轨迹、图像视频、现场基础信息及时传输到服务器端,实现移动设备与服务器之间的快速数据交互。

3.1.3.1　主要功能模块

此 App 主要功能模块包括:首页地图显示(影像地图、二维地图、离线地图)及查看路线或基础设施信息,待办事项(养护事件、综合执法、安全检查),功能中心(基础采集、项目采集、路况拍照、养护事件、综合执法、安全检查、督查项目、综合查询等)等模块采集数据与查询,以及数据管理(各功能模块离线数据上传)和设置(修改密码、采集设置、地图更新、配置更新、清理缓存、关于软件)等。该 App 功能框架具体见图 3-3。该 App 可帮助外业采集人员安全高效地完成采集数据上传及业务流程处理等,使工作流程更加简单与规范。

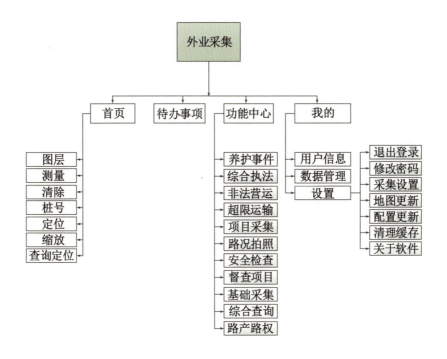

图 3-3　新一代公路数据移动采集 App 功能框架图

3.1.3.2　公路采集流程

公路采集是指对公路基础设施及沿线附属设施的轨迹进行采集,同时可对其设施的现状进行拍照或录制视频等操作。从几何位置上看可分为对点、线进行采集。

(1)采集点

可对用点类型标记的要素类型进行采集,交通运输行业内主要有乡镇、建制村、撤并建制村、村民组、自然村、桥梁、隧道、渡口、服务区、出入口、收费站等要素。其采集流程为在行驶到相应地理位置后,在 App 软件中选择此采集对象,通过输入(或选择)的方式填写采集对象属性信息,同时软件会提示是否要进行拍照,点击保存后,软件会存储获取当前的经纬度、时间信息、属性和照片信息,也可选择边采集边上传至服务器。

(2) 采集线

可对国道、省道、县道、乡道、专用公路、村道、城市道路、拟建道路、通组道路等交通运输行业内管养的对象进行采集。点击采集后,会弹出对象框,输入待采集路线代码和名称,点击保存后开始采集轨迹。软件会以间隔1秒的频率记录GPS信息,采集过程中还可执行路线分段、拍照和录像等操作。采集完成后,可以以输入(或选择)的方式填写采集公路要素的属性信息,点击保存后可同时保存采集的轨迹信息、照片或视频数据,也可选择边采集边上传至服务器。

(3) 采集照片(视频)

可以通过输入或选择已有编码的方式采集照片或视频,同时可标注出采集的经纬度和时间。

(4) 数据上传

选择存储在本机(减少移动网络流量和耗时)的数据,先存储到移动设备的本地数据库内,通过人工选择的方式在数据管理页面进行逐条(或全部)上传操作。

图3-4所示为移动采集流程图。

3.1.3.3 新一代公路数据移动采集App的特点

(1) 适配性强

根据实地应用,该App适用于Android6.0以上操作系统的任何机型。经10余个省份近2000名用户的应用,App运行稳定,满足行业内公路基础设施数据采集及现场核查需求。

(2) 数据联合存储

对交通基础设施进行数据采集、拍照或视频采集时,记录照片或视频数据的位置信息,将位置信息与图片和视频信息联合存储,满足以桩号方式索引现场图片或视频的需求。数据联合存储后,难以对已采集对象的现场照片或视频进行替换,确保数据真实可靠。

(3) 在线与离线相结合

考虑到外业采集过程中可能存在无移动网络的情况,该App使用在线与离线相结合的方式加载背景底图、上传数据。系统提供下载离线底图功能,供用户离线使用,采集数据时通过设置(或自动切换的方式)在本机数据库内存储,在数据管理界面选择上传数据到服务器。新一代公路数据移动采集App界面和现场应用如图3-5所示。

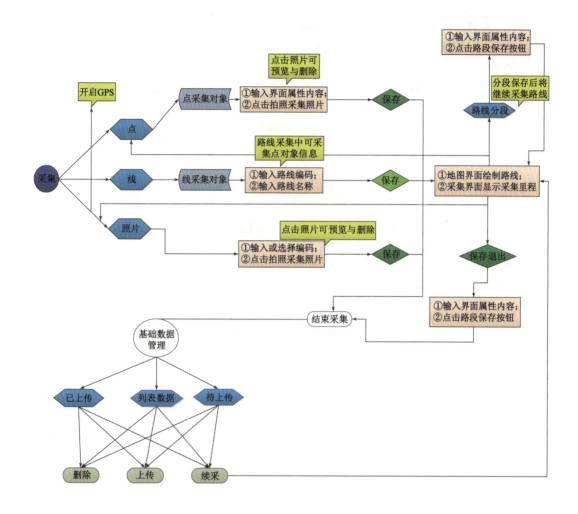

图 3-4 移动采集流程图

图 3-5 新一代公路数据移动采集 App 界面和现场应用

3.2 基于时间序列的 GPS 采集轨迹纠正算法

3.2.1 时间序列模型概述

在生产和科学研究中,对某一个或一组变量 $x(t)$ 进行观察测量,将在一系列时刻 $t_1,t_2,\cdots,t_n$(t 为自变量且 $t_1<t_2<\cdots<t_n$)所得到的离散数字组成序列集合 $x(t_1),x(t_2),\cdots,x(t_n)$,我们称之为时间序列,这种有时间意义的序列也称为动态数据,也就是时间序列模型的应用场景。对于短暂或简单的时间序列,可用趋势模型和季节模型加上误差来进行拟合;对于平稳时间序列,可用通用自回归滑动平均(Auto Regression Moving Average,ARIMA)模型及其特殊情况的自回归模型、滑动平均模型或基于 ARIMA 模型的组合模型等来进行拟合。当根据时间点来进行测算的观测值多于 50 个时,一般都采用 ARIMA 模型;对于非平稳时间序列,则要先将观测到的时间序列进行差分运算,化为平稳时间序列,再用适当的模型去拟合该差分序列。

3.2.2 算法简介

根据行业管理现状,一般交通基础设施空间位置可使用点状和线状几何特征进行描述。使用点状来描述交通基础设施空间位置,并不一定就是交通基础设施的几何中心,更多的是用标志性物体来代表交通基础设施所在空间位置,例如:收费站点一般用某条收费通道的收费处表示;桥梁一般用桥梁中心桩号来表示;隧道一般用入口代表隧道位置(隧道中心一般无 GPS 信号);公路一般不以公路的中心线代表公路轨迹,而更多以路线桩号递增方向的轨迹代表公路的空间地理位置。

基于时间序列的 GPS 采集轨迹纠正是指移动 App 在外业采集过程中使用时间序列算法模型对采集的公路线形轨迹进行平滑性、圆滑性纠正,从而提高公路基础设施数据采集质量,同时丰富地理空间数据的轨迹点。

经纬度数据都有位置精度因子(相对误差)。此因子有两大影响因素:一是 GPS 接收模块接收到的卫星信息,卫星信息接收效果越好,获取的数据精度越高;二是 GPS 接收模块的材质。通常外业进行交通基础设施数据采集时,上述两类影响因素均难以消除。我们设计了纠正算法,在获取经纬度数据形成线状轨迹时进行纠正。其主要思路是:在每秒获取经纬度位置数据后输入到模型内,当模型内时间差在 20 秒内的经纬度位置数据为 10 个时,模型会根据时间顺序对本组内所有的经纬度位置数据进行运算。考虑三方面因素:一是平滑轨迹,抛弃连续的三个轨迹点之间距离小于 1 米的中间点,连续的三个点之间距离大于 10 米时增加轨迹点;二是圆滑轨迹,连续的三个轨迹点夹角小于 90 度时,调整中间轨迹点位置,使夹角在 120 度以上;三是对整体轨迹点进行平滑和圆滑。

3.2.3 算法设计

利用 GPS 采集的数据测算公路里程的模型见式(3-1)。

$$L = \sum_{i=1}^{n} l_i = \sum_{i=1}^{m} D_i \cdot W_i \cdot \Gamma \tag{3-1}$$

式中:L——农村公路总里程(公里);

l_i——采集各条农村公路里程(公里);

D_i——连续路线轨迹节点间的长度(公里);

W_i——地形系数;

Γ——以县级行政区划为单元的 GPS 轨迹采集修正系数。

计算空间地理位置上两点(x_1,y_1)、(x_2,y_2)的长度 P 由式(3-2)计算。

$$P = 2 \times \pi \times \arcsin\left\{\sqrt{[\sin(x_1 - x_2)]^2 + \cos(x_1 \times \pi) \times \cos(x_2 \times \pi) \times \left[\sin\left(\frac{y_1 \times \pi}{360}\right)\right]^2}\right\} \tag{3-2}$$

通过以下步骤对一组 10 个以上其中基础设施线形轨迹点进行修正:

步骤 1:对农村公路轨迹点根据连续三个轨迹点坐标(x_1,y_1)、(x_2,y_2)、(x_3,y_3)和计算两点间距离 P 和三点间的夹角 D,三个点间夹角由式(3-3)计算。

$$D = \cos^{-1}\left\{\frac{[(x_2 - x_1) \times (x_3 - x_1)] + (y_2 - y_1) \times (y_3 - y_1)}{\sqrt{[(x_2 - x_1)^2 + (y_2 - y_1)^2] \times [(x_3 - x_1)^2 + (y_3 - y_1)^2]}}\right\} \tag{3-3}$$

步骤 2:根据对公路线形轨迹点分析,考虑到公路精度、线形轨迹圆滑和轨迹节点的冗余性,发现公路轨迹点在 1 ~ 10 米之间较为合适。在车速为 40 公里/小时的情况下进行路线采集时,车辆位置每秒向前移动约 11 米。用于公路轨迹采集的 GPS 设备每秒更新一次经纬度数据，因此需对采集的轨迹点进行平滑，即判定两个轨迹点间距离是 1~10 米之间的范围内，如大于 10 米则需在两个轨迹点（P_i、P_{i+1}）间插入一个轨迹点 P_{ii}；如两个轨迹点间距小于 1 米，则需删除 P_{i+1} 轨迹点。

步骤 3：判定 D 值是否小于 90 度，如果小于 90 度，则修改 P_{i+1} 的经度 L_{longi} 或纬度值 L_{lati}，以使夹角大于 120 度。

步骤 4：循环完一组轨迹点后，使用堆栈原理对采集的每个轨迹点根据上述步骤 1~步骤 4 重新计算轨迹点。

3.2.4 算法实现及效果

根据以上算法设计，使用计算机程序通过以下步骤实现对 GPS 采集轨迹点的纠正，流程如图 3-6 所示。

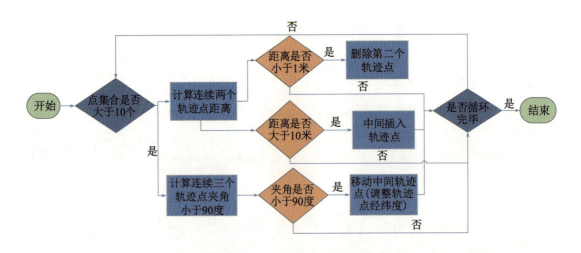

图 3-6　GPS 采集轨迹纠正流程

步骤 1：按时间排序获得采集路线的 GPS 轨迹点，每个轨迹点包含经度、纬度和时间。

步骤 2：判断当前轨迹点数量是否大于或者等于 10 个，如果小于 10 个，则继续等待；如果大于或者等于 10 个，则根据时间序列顺序判定连续两个轨迹点的长度是否大于 10 米，如果大于 10 米，则在两个轨迹点间使用内插法新增一个轨迹点，然后再判定连续两个轨迹点的距离是否小于 1 米，如果小于 1 米则删除时间序列靠后的轨迹点。

步骤 3：判断连续三个轨迹点夹角是否小于 90 度，如果小于 90 度，则调整中间轨迹点的经纬度值,满足夹角大于 120 度。

步骤 4:循环步骤 2、步骤 3 后逐个输出轨迹点,同时接收新的轨迹点数据。

利用以上轨迹纠正算法,能够提高公路基础设施数据采集质量,同时丰富地理空间数据的轨迹点。图 3-7 为采集轨迹点的圆滑(调整 A 点坐标位置变成 A' 点,B 点坐标位置变成 B' 点)、删除与上个点的距离小于 1 米的 C 点和在距离大于 10 米两轨迹点内插入 1 个新的 D 点示意图。图 3-8 为以遥感影像为背景的轨迹点纠偏示意图。

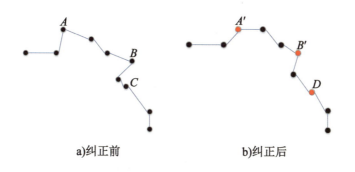

图 3-7 GPS 采集轨迹纠正效果一

图 3-8 GPS 采集轨迹纠正效果二

3.3 基于链码的 GIS 线形比对与筛选算法

全国农村公路基础数据与电子地图更新工作中,为确保入库数据"不重不漏"和线形准确,需要对新入库数据与往年数据库进行线形比对与筛选。传统比对技术采用"全重叠"比对方法,将原有路线线形进行加缓冲区操作,再将GPS采集轨迹叠加至其上图层,若轨迹落于缓冲区内,即判断采集的线形无误。该方法无法排除GPS手持设备产生的定位误差,存在路网数据库因加密措施产生的坐标平移导致轨迹趋势一致但空间位置有较大差异等问题,也无法处理路线交叉的问题。为解决以上问题,提出了一种基于链码方法计算线性特征的线形比对与筛选算法。

3.3.1 链码方法简介

链码法是一种用来记录和描述地物单元边界的方法。链码是一组由方向标志码组成的有序系列,由中心点按顺时针或逆时针向其8个相邻点方向进行扫描跟踪。采用链码方法记录地物边界线,在地物单元跟踪时方便实用,既可用来表示一条边界线相邻像素点之间的位置,又可在边界跟踪过程中控制各相邻像素点的检测顺序。八向链码如图3-9所示。

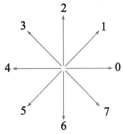

图3-9 八向链码示意图

数字图像通常是在 x 方向和 y 方向以等间距的网格格式获取和处理,因此顺时针方向跟踪边界并为连接每对像素的线段分配一个方向可以生成链码。重取样网格的间距由使用该链码的应用确定。如果用于得到连通数字曲线的取样网格是一个均匀的四边形,所有点都是可达的,因为链码是用逐点遍历曲线生成。如图3-10所示为链码数字边界生成示意图。

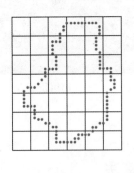 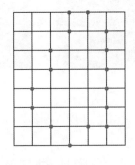 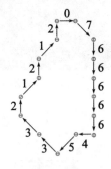

a) 叠加重取样网格后的数字边界　　b) 重取样后的结果　　c) 8向链码边界

图3-10 链码数字边界生成示意图

链码的数值取决于起点,可以使用一个简单过程将链码相对于起点归一化:将链码视为方向数的一个循环序列,并重新定义起点,使得到的数字序列形成一个幅值最小的整数。也可以使用链码的一阶差分代替链码本身来归一化旋转。差分通过计算方向变化的次数得到,其中方向变化分隔了两个相邻的链码元素。如果将链码视为一个循环序列,并相对于起点归一化链码,那么一阶差分的第一个元素可用链码的最后一个分量和第一个分量之间的过渡计算得到。改变重取样网格的间距,可实现尺寸的归一化。

3.3.2 算法设计

基于链码的线形比对与筛选算法具体如下:

3.3.2.1 定义

定义1 系统坐标系:定义原点为屏幕左上角,x 轴由左向右,y 轴由上向下,设农村公路基础数据更新数据库(DLG)路网对应线形起点为 A,终点为 B;设上报线形起点为 A',终点为 B'。

定义2 定义地方上报 GPS 采集线形为 $M(\text{Measure})$,长度为 D_M,农村公路基础数据更新数据库路网对应真实线形为 $T(\text{True})$,长度为 D_T,则有:地方上报线形走向为 $M_{A'} \to M_{B'}$,农村公路基础数据更新数据库对应真实线形走向为 $T_A \to T_B$。

定义3 通过链码方法获取的线形走向称为线形特征 $F(\text{Feature})$,则有:地方上报 GPS 采集线形特征为 F_M,农村公路基础数据更新数据库路网对应真实线形特征为 F_T。

3.3.2.2 算法设计

1)算法概述及数据预处理

(1)算法步骤

算法共分为两个步骤(图3-11):

步骤1:确定上报线形在农村公路基础数据更新数据库路网中的起点。

步骤2:由上报线形起点与农村公路基础数据更新数据库路网起点,同时开始比对,并得出匹配结果。

(2)数据预处理

在矢量地图处理软件中,将 GPS 轨迹线形与对应位置农村公路基础电子地图记载至同一文件,并以相同比例显示。设置两类矢量数据线形宽度为 1 像素,上报线形标记为红色,农村公路基础数据电子地图的轨迹标记为绿色;在农村公路基础数据电子地图上标记上报线形起点,层底色均设为纯黑色或纯白色。保持显示原状,将上报线形与农村公路基础数据电子地图输出为 16bit 的 tif 格式无损位图。

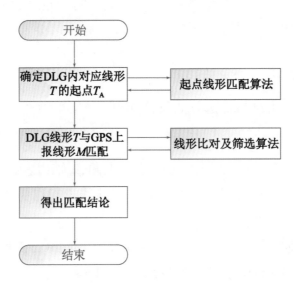

图 3-11　匹配算法流程

(3)数据处理

使用 Python 语言的 numpy 工具包,将 tif 图像转换为张量,以供后续计算。

2)寻找农村公路基础数据更新线形起点 T_A:线形起点匹配算法

(1)数据结构说明

农村公路基础数据更新数据库存储的是覆盖范围内的连续路网,并不是以建设项目对单位存储道路线形(图 3-12)。因此,首先需要在农村公路基础数据更新数据库中提取出项目线形起点。

通常地方上报线形(M)与真实线形(T)存在一定的空间偏移量。设搜索阈值 r,以 A' 为圆心、r 为半径做圆 C,T 在 C 内所有 n 个像素点均作为 T_A 候选点,设为集合 $P_A = \{p_1, p_2, \cdots, p_n\}$,如图 3-13 内红色线段所示。

(2)线形起点匹配算法

设搜索步长 L(以像素为单位前向搜索),遍历农村公路基础数据更新数据库路网中集合 P_A 的所有点,使用链码法求得点 P 处 L 长度的线形特征 F_P^L。

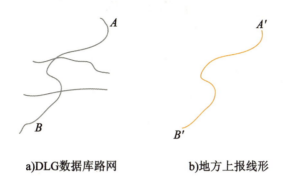

a)DLG数据库路网　　　　b)地方上报线形

图 3-12　农村公路基础数据更新数据库路网与上报线形对比示意图

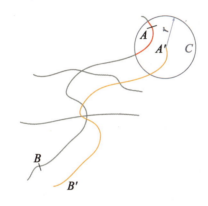

图 3-13　起点匹配示意图

求得 M 起点 A' 的特征 $F_{A'}^L$。

若 $F_{P_i}^L = F_{A'}^L, i \in (1,2,\cdots,n)$，即 P_i 点处 L 步长的线形特征与 M 起点处相同，即认为点 P_i 为农村公路基础数据更新路网数据中，对应 M 的 T 线形起点 T_A。

在计算能力允许的情况下，可适当加大 L 的值，$L \in (0, D_M)$。

3) 线形比对及筛选

以 $M_{A'}$ 为起点，设 M 的长度为 m 个像素，使用链码法计算 F_M，记单步特征为 $F_M^k, k = 1,2,\cdots,m$。

以 T_A 为起点，设 T 的长度为 t 个像素，使用链码法计算 F_T，记单步特征为 F_T^j，$j = 1,2,\cdots,t$。

设阈值 Q_{len}、Q_{sum}，若：

① $m = t$，即 M 与 T 长度相同：

$j=k$ 时，令 $\mathrm{sum} = \sum_{j=k=1}^{m} q$，其中 $\begin{cases} q=1, F_T^j = F_M^k \\ q=0, F_T^j \neq F_M^k \end{cases}$

$\mathrm{sum} \geq Q_{\mathrm{sum}}$：$M$ 与 T 相匹配

$\mathrm{sum} < Q_{\mathrm{sum}}$：$M$ 与 T 不匹配

② $m \neq t$，即 M 与 T 长度不同：

$|m-t| \leq Q_{\mathrm{len}}$：进入①

$|m-t| > Q_{\mathrm{len}}$：M 与 T 不匹配

3.3.3 算法实现与效果

利用此算法，对全国2020年444.4万公里的农村公路基础设施电子地图数据进行了比对与筛选，共获取全国15327.8万张256×256像素的遥感影像图片，对现有444.4万公里的农村公路基础设施电子地图数据进行100米的缓冲，形成带状多边形，以防止GPS线形轨迹与影像偏差较大时落到遥感影像图片范围外；对农村公路基础设施电子地图数据缓冲后面状要素与15327.8万张遥感影像进行叠加空间分析，过滤不在农村公路缓冲后面状范围内的遥感影像，剩余3356.7万张遥感影像，按以下步骤进行操作。

步骤1：叠加农村公路基础设施电子地图数据线形数据和缓冲后的面状数据，以及过滤剩余的遥感影像数据。

步骤2：应用链码算法，对缓冲成面状范围内的遥感影像进行公路地物边缘识别。

步骤3：对根据遥感影像识别出公路地物的数据以像素为单元进行矢量化，形成识别出来的公路地物电子地图要素。

步骤4：对步骤3的结果与GPS采集的农村公路线形轨迹进行空间拓扑分析，在10米容限值范围内认为GPS采集的公路线形轨迹基本无误，提取超出容限值的农村公路基础设施电子地图数据，形成待复核图层数据。

如图3-14所示为部分线形对比与筛选效果。把农村公路基础设施电子地图数据分成两类，蓝色为通过链码技术识别在遥感影像上10米范围内的农村公路基础设施电子地图，红色为范围外线形待复核的电子地图数据。

图 3-14 应用链码技术的数据比对与筛选效果示意图

第4章 交通扶贫项目精准跟踪管理技术

4.1 基于深度神经网络和高分遥感影像的公路数据精准管理技术

4.1.1 技术背景

近年来,深度学习技术逐渐进入各个前沿研究领域,特别是在图像分割与路网提取领域发展较为迅速。目前应用较为广泛的深度学习算法是以深度神经网络(Deep Neural Network,DNN)为基础的算法。DNN是机器学习(Machine Learning,ML)领域的一种技术,可以理解为有很多隐藏层的神经网络,又被称为深度前馈网络(Deep Feedforward Networks,DFN)、多层感知机(Multi-Layer Perceptron,MLP)。深度神经网络的优势在于,如果训练样本足够多,且充分覆盖未来的样本,学到的多层权重可以很好地用来预测新样本。

遥感影像数据在公路管理中高效应用的前提是能够对其进行自动化处理,例如提取公路路线、计算路面宽度、识别路面材质等。深度神经网络的优势决定了其适用于遥感影像中的路网要素自动化提取。目前从遥感影像中提取公路网的DNN模型主要有三种:卷积神经网络(Convolutional Neural Networks,CNN)模型、全卷积神经网络(Fully Convolutional Networks,FCN)模型和改进FCN模型。CNN模型是一种以卷积运算为主的多层运算结构,经过参数训练后能够自动提取路网;FCN模型可以通过自身特殊结构对图像进行像素级的分类,经过参数训练后能够实现端到端自动提取道路;改进FCN模型主要是通过在FCN模型基础上改变层级结构或模型参数等,进一步提高路网提取精度。

4.1.2 技术路径

基于深度神经网络的路网要素提取方法,技术路径如下:

步骤1:构建深度神经网络算法架构,搭建用于自动识别的AI(人工智能)神经网络体系框架。

步骤2:训练样本,分类对遥感影像上的公路数据图片进行提取训练,形成适用于深度神经网络使用的参数。

步骤3:使用神经网络算法自动提取遥感影像上的公路数据形成空间地理数据,并同时计算路面宽度、判别路面类型材质等。

4.1.3 主要算法设计

4.1.3.1 路径提取算法

(1)算法概述

CNN模型、FCN模型和改进FCN模型各有优缺点。

CNN模型是一种以卷积运算为主的多层运算结构,经过参数训练后能够自动提取路网。CNN模型因网络中的卷积层运算得名。

FCN模型由CNN模型改进而来,提供的编解码结构能够实现端到端的图像输出,即输入端输入原始图像,输出端输出识别结果。在FCN模型的计算过程中,该环节成为"预测"环节。FCN模型相对于CNN模型,实现了像素级的分类,即对图像的每一个像素都有一个预测值。CNN模型通过全连接层输出,FCN模型则通过卷积代替全连接、反卷积实现图像还原等操作,使得输入输出更为灵活,图像的尺寸不再受到限制,对输入特征图每一个像素的预测都能直观地反映在输出图像上,原输入的空间信息得到保留,直接完成物体分割的目标。与此同时,FCN将全连接层转换成卷积层,改变了计算方式,简化了计算过程,其端到端的输入输出方式和本身灵活的结构也使其应用更加广泛。

改进FCN模型通过在FCN模型的基础上改变层级结构或模型参数等提高路网提取精度,主要有SegNet、U-Net等。SegNet能较好地解决采样阶段多次池化带来的位置信息丢失问题,U-Net在较小的样本量下能取得相对较好的图像分割结果,但增大样本量不能带来显著的性能提升。这些模型的相通之处是同为对称编解码结构的端到端网络。

本项目基于改进 FCN 模型设计了公路路径识别与提取算法。该模型通过在 FCN 模型基础上进行多级深度神经网络架构设计，显著提升了路径识别的精确度，并且具有以下优点：一是能解决公路路线提取过程中缺乏公路细节特征，导致路线提取不完整、提取出来的路线边缘产生毛刺的问题；二是能避免因冗余信息剔除不完全，导致道路周围存在无效斑点的情况；三是能避免因周围环境考虑不充分，无法提取（或不能完整提取）有遮挡路线的情况。

（2）多级深度神经网络架构设计

项目组设计了特征强化的多级改进 FCN 网络，前级网络用于路径的识别提取，后级网络用于滤波后处理。经过滤波处理后的识别结果能够有效滤除小斑块，并在一定程度上对短中断进行衔接，提升路网识别精度。

项目组根据改进 FCN 模型级联方式及路网提取流程设计了级联算法流程，如图 4-1 所示。该算法流程共分为两部分：训练网络和测试网络。其中，训练网络主要完成对模型参数的自动化预训练，设置初始参数并输入图像后全程由计算机进行参数更新；测试网络的作用是根据训练好的参数对待处理图像进行路网提取工作。训练网络中包括两级网络：前级网络和后级网络。前级网络和后级网络使用 DNN 模型，参数文件Ⅰ、Ⅱ分别保存前级网络和后级网络经过训练之后的网络参数，格式为 Hdf5。预测网络Ⅰ、Ⅱ分别是载入了参数文件Ⅰ、Ⅱ的前级网络和后级网络，直接通过函数调用实现网络模型的预测功能。

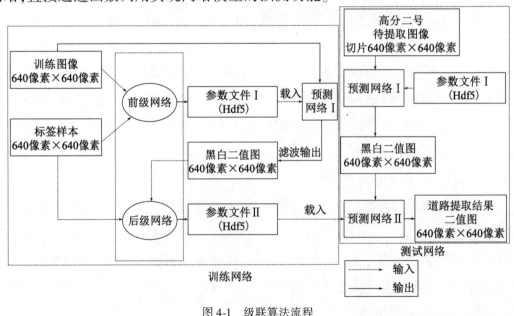

图 4-1 级联算法流程

级联算法流程具体为：

①训练阶段,在前级网络中输入训练图像和对应标签样本,尺寸均为 640 像素×640 像素,设置初始网络训练参数并开始训练,训练完成后得到参数文件Ⅰ。

②将参数文件Ⅰ载入到预测网络Ⅰ中,输入训练图像,输出像素预测图后进行阈值滤波,以黑白二值 tif 图的形式输出路径特征。

③将②中输出的特征图和对应标签样本同时输入后级网络中,设置后级网络初始训练参数并开始训练,得到模型参数文件Ⅱ。

④测试阶段,将测试图像输入载有参数文件Ⅰ的预测网络Ⅰ,并对输出预测图进行阈值滤波,将滤波后的二值图像输入载有参数文件Ⅱ的预测网络Ⅱ,输出时再次进行阈值滤波,得到路径预测图。

在训练阶段,需要依序对前级网络模型和后级网络模型进行训练,产生两个不同的参数文件;预测阶段将预测图像输入级联网络可以直接输出路径提取结果。

（3）模型设计与实现

①设计思路。

在级联模型框架下,选择不同的改进 FCN 模型组成训练网络中的前级网络和后级网络,能够形成不同的级联模型。相同模型级联的模式等价于在前级网络的基础上继续提取相同的道路特征,通过分析路径提取效果验证方案是否有效。

②模型架构。

根据级联模型的设计思想,通过输入输出接口连接两个 DNN 模型。基于编解码结构的级联改进 FCN 模型的基本架构如图 4-2 所示。

该架构中,网络层间传输是指前级网络和后级网络模型各自网络内部的传输,传输的是特征图张量;网络间传输是指前级网络和后级网络间图像的传递,传输的是图像样本,网络参数不相关。整个网络共使用 8 次下采样操作,对应有 8 次上采样,使用 8 个跳跃连接操作相互连接,完成特征的融合。

网络层数整体增加了一倍,输出尺寸为 640 像素×640 像素的道路预测图。由于输入后级网络的路径预测图的信息主要是路径信息,比原始样本图像减少了大量的图像信息,故后级网络对图像的拟合要求更为简单。前级网络和后级网络使用同一种网络,因此通过改变后级网络的训练迭代期来减少后级网络参数的训练,减少网络过拟合影响,也能减少参数训练时间。

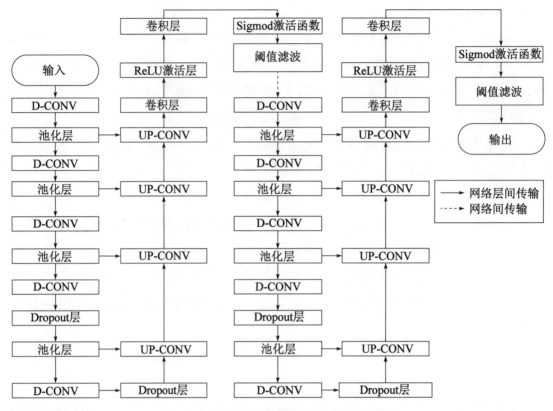

图 4-2 基于编解码结构的级联改进 FCN 模型

③系统实现。

应用以上算法和模型,项目组研发了基于遥感影像的公路路径识别系统。系统基于开源机器学习平台 Tensorflow 通过 Python 脚本实现级联深度神经网络路径提取功能模块。级联深度神经网络路径提取功能模块实现输入图像前后期尺寸重适配、重命名功能,并对公路路径进行识别,提取输出成二值化图片。此框架可以通过数据库实现深度学习样本库相关管理功能。路径识别系统处理流程如图 4-3 所示。

(4)算法评估

算法精度评估采用了对另行制备的测试样本集进行识别,将识别结果与测试样本集的真实值进行比对的方法。所用数据集共包含训练样本 2200 组,均为亚米级卫星影像数据。将影像分幅制作为影像瓦片,主要分布于华东、华南及西南农村地区,以保证算法对不同区域的适用性。单幅瓦片覆盖范围为 400×400 平方米,尺寸拉伸为 640 像素×640 像素。数据集原始影像瓦片为人工选取,对应标签采用人工标注。其中 95% 共计 2090 组构成训练集,5% 共计 110 组构成验证集,训练集与验证集图像无重复。在数据集外另行选择了 15 幅瓦片并进行人工标注作为测试集,以保证性能测试的独立性。

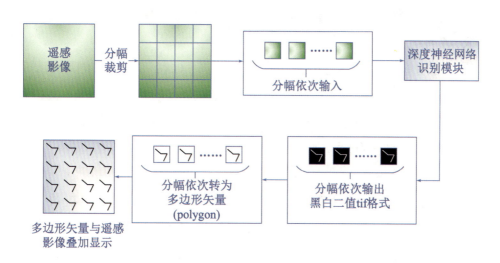

图 4-3　路径识别系统处理流程

评估指标主要采用了代价损失值、准确率和交并比(Intersection over Union, IoU)三个指标,其中 IoU 为核心评价指标,是图像分割领域常用的算法性能评价指标。从表 4-1 可以看出,对本算法进行的测试获得的 IoU 为 0.97,准确率为 0.95,代价损失值为 0.21。

算 法 评 估 指 标　　　　　　　表 4-1

指　　标	代价损失值	准　确　率	IoU
取值	0.21	0.95	0.97

注:1. 代价损失值:用来衡量算法的运行情况,估量模型的预测值与真实值的不一致程度,是一个非负实值函数。
　　2. 准确率:在全部预测中,正确预测结果占的比例。
　　3. IoU:交并比,用于测量真实和预测之间的相关度,相关度越高,该值越高。

同时,应用以上技术,项目基于全国卫星影像数据进行了路径识别,利用 2020 年全国公路电子地图数据进行了验证,识别比例(指识别结果与电子地图数据的重合里程占比)达到了 86%。整体来看,我国东部、南部、东北及北部大部分地区公路路径识别效果较好,但在具有沙漠地形特征的区域识别效果不理想。

4.1.3.2　公路路面宽度提取算法

(1)概述

与路径识别相比,目前国内外有关遥感影像道路宽度提取的研究成果相对较少。现有的道路宽度提取方法主要分为五类:细化方法道路宽度提取、利用边缘信息的宽度提取、基于 Hough 变换的道路宽度提取、基于多方向结构的道路宽度提取、基于模板匹配的道路宽度提取。基于这五类算法模型对遥感影像道路宽度进行提取,各有优缺点。

本项目使用基于边缘信息的宽度提取方法,针对农村公路路侧环境复杂的特点,利用特征矩阵技术提高了农村公路道路边缘提取的精度,改进了传统的边缘信息宽度识别算法,更适用于路面宽度较低、道路旁边存在房屋建筑或绿化植被等环境的农村公路路面宽度识别。

(2)特征矩阵技术

在线性代数里,矩阵特征值的定义为设 A 是 n 阶方阵,如果存在数 m 和非零 n 维列向量 x,使得 $Ax = mx$ 成立,则称 m 是矩阵 A 的一个特征值(Characteristic Value)或本征值(Eigenvalue)。

数字图像数据可以用矩阵来表示,因此可以采用矩阵理论和矩阵算法对数字图像进行分析和处理,最典型的例子是灰度图像。灰度图像的像素数据就是一个矩阵,矩阵的行对应图像的高(单位为像素),矩阵的列对应图像的宽(单位为像素),矩阵的元素对应图像的像素,矩阵元素的值就是像素的灰度值。图像特征提取是图像分析与图像识别的前提,它是将高维的图像数据进行简化表达最有效的方式。从一幅图像的数据矩阵中看不出任何信息,所以必须根据这些数据提取出图像中的关键信息、一些基本元件以及它们的关系。

近几年,特征矩阵技术在图像识别领域应用广泛,特别是人脸识别领域。特征脸(Eigenface)技术就是一种从主成分分析中导出的人脸识别和描述技术。特征脸技术的主要思路是将输入的人脸图像看作一个个矩阵,通过在人脸空间中一组正交向量,并选择最重要的正交向量,作为"主成分"即特征脸,然后每个人脸都可以用特征脸的组合进行表示。这种方法的核心思路是认为同一类事物必然存在相同特性(主成分),通过将同一目标(人脸图像)的特性寻找出来,用以区分不同人脸。

(3)基于特征矩阵的道路宽度提取算法架构

为了基于遥感影像数据自动化获取道路的路面宽度属性,本项目将特征矩阵技术应用到遥感影像道路宽度提取中,进行了算法设计,具体步骤如下:

步骤1:加载遥感影像数据和公路基础设施电子地图数据。

步骤2：设定公路基础设施矢量数据的宽度为1个像素。

步骤3：设定公路基础设施电子地图的起止点对应遥感影像上的位置。

步骤4：设定缓冲值，识别公路矢量数据对应遥感影像上的图片像素区域。

步骤5：遍历公路基础设施电子地图数据内的所有路线。

步骤6：根据公路矢量连续性获取公路线形的起止点位置。

步骤7：对公路基础设施电子地图数据的点集合 P_n 使用链码法搜索步长 L，求得公路点集合中的第 $P_i, i \in (1,2,\cdots,n)$ 处点 F_i^n 的影像上的特征值。

步骤8：计算连续3个影像上的特征值 F_{i-2}^n、F_{i-1}^n、F_i^n 的差异，如果特征值在容限值内，继续搜索下个节点；如果超出容限值，将 P_i 记录到 K 集合内等待第二轮筛选。

步骤9：若 K 集合为空，则路线起止点为 P_n 集合内的第一个点和最后一个点；若 K 集合在步长 L 范围内有3个以上的值，则截取步长 L 的起点为此路线的止点，剩余的像素如果超出步长 L 则再循环计算路线与影像。

步骤10：根据上步计算的公路矢量从起点在影像上特征值 $F_i^n, i \in (1,2,\cdots,n)$，开始计算在影像上垂直于路线连续两个像素点的特征值 $F_k^i, k \in (1,2,\cdots,i)$。

步骤11：设置特征值的最大域值 M_{min} 和最小域值 M_{max}，如果 F_k^i 与 F_i^n 的差值在 $[M_{min}, M_{max}]$ 之间，则继续往垂直于公路矢量方面计算像素点的特征值，形成矩阵

$$\begin{bmatrix} F_0^k, \cdots, F_i^l, \cdots, F_n^j \\ \cdots\cdots\cdots\cdots\cdots\cdots \\ F_0^n, \cdots, F_i^n, \cdots, F_n^n \\ \cdots\cdots\cdots\cdots\cdots\cdots \\ F_0^s, \cdots, F_i^t, \cdots, F_n^q \end{bmatrix}$$

并记录像素点在集合 P 内。

步骤12：对影像上每张图片的像素集合 P 进行二值转换，在集合 P 内像素的 RGB 值设置为 (255,255,255)，其余像素 RGB 值设置为 (0,0,0)。

步骤13：对影像图片上 RGB 为 (255,255,255) 的像素使用 Arcmap 工具转换成面状图斑。

步骤14：对面状图斑的面积除以路线在图像上的有效长度的一半，得到图斑区域内路面宽度值域集合。

步骤15：应用30米容限值，对图斑区域内路面宽度值域集合进行加权平均，得到公路路面宽度。

根据设计流程，通过以下方式实现公路路面宽度提取功能，如图4-4所示。

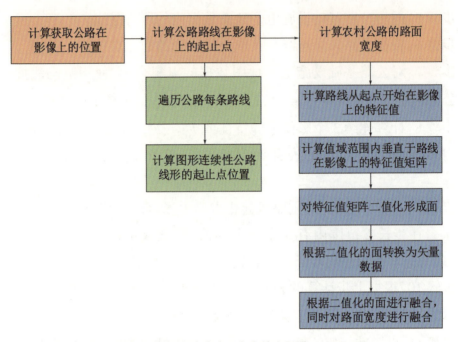

图4-4　提取公路路面宽度的流程图

图4-5为路面宽度提取实现结果示意图，图4-5d）为最终根据影像上识别路面获取到的公路矢量数据和路面宽度。

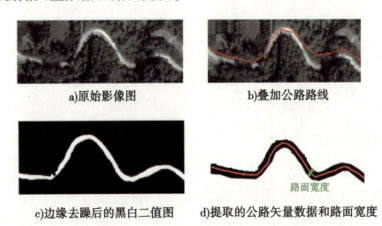

图4-5　路面宽度提取实现结果示意图

（4）算法效果

利用2019年云南省25万公里的农村公路基础数据，对以上算法的精度进行了测算,对各路段提取结果与农村公路电子地图中的路面宽度进行比对,取加权平均值的方法进行测算。该算法对 6 米以上农村公路的路面宽度提取结果误差率在 20% 左右;6 米以下的精度稍差,误差率约为 30%。经分析,主要有以下几方面原因:一是路面宽度大于 6 米的农村公路在 17 级级别时其影像精度为 2 格瓦片,识别路面的精度更高;二是农村公路受旁边树木、农村建筑和河沟等自然环境影响;三是农村公路路面材质破损较大,难以提高农村公路线形的识别率,造成路面宽度识别率不高。

4.1.3.3 路面类型识别算法

(1) 概述

在路面类型识别方面,国外学者研究过利用机载可见光/红外成像光谱仪获取的影像对路面类型进行识别,并根据路面养护指数对路面等级进行评价。有的国家基于高分辨率航拍图像提取郊区的道路路线、路面信息以更新道路数据库。中国公路工程咨询集团有限公司研究了基于 GF-2 遥感影像的典型道路路面类型识别方法,其算法主要基于卫星遥感影像的光谱信息。

本项目研究了一种基于卫星遥感影像图片的路面类型识别算法,可以满足无光谱信息遥感影像识别的需求,具有更强的适用性。算法主要应用了图像处理技术领域的二值化像素点四叉树搜索技术,快速检索区域范围内路面类型一致的像素点集合,实现路面类型判别。

(2) 二值化像素点四叉树搜索技术

四叉树搜索技术的基本思想是将地理空间递归划分为不同层次的树结构。它将已知范围的空间等分成四个相等的子空间,如此递归下去,直至树的层次达到一定深度或者满足某种要求后停止分割。四叉树的结构比较简单,并且当空间数据对象分布比较均匀时,具有比较高的空间数据插入和查询效率,因此四叉树是 GIS 中常用的空间索引之一。随着地理空间对象的不断插入,四叉树的层次会不断加深,将形成一棵严重不平衡的四叉树,那么每次查询的深度将大大增多,从而导致查询效率的急剧下降。本项目采用改进的四叉树索引结构算法,解决了传统的四叉树索引存在的以下几个缺点:

① 二值化像素点只能存储在叶子节点中,中间节点以及根节点不能存储空间实体信息,随着空间对象的不断插入,最终会导致四叉树树的层次比较深,在进行空间数据窗口查询时效率会比较低。

②二值化像素点在四叉树的分裂过程中极有可能存储在多个节点中,这样就导致了索引存储空间的浪费。

③由于地理空间对象可能分布不均衡,这样会导致常规四叉树生成一棵极为不平衡的树,这样也会造成树结构的不平衡和存储空间的浪费。

相应的改进方法:将地理实体信息存储在完全包含它的最小矩形节点中,不存储在它的父节点中,每个地理实体只在树中存储一次,避免存储空间的浪费。

(3)基于二值化像素点四叉树搜索的路面类型识别算法架构

为了基于遥感影像数据自动化获取公路的路面类型属性,本项目将二值化像素点四叉树搜索技术应用到遥感影像路面类型识别中,进行了算法设计,具体步骤如下:

步骤1:采用四叉树加权方法构建公路缓冲面状空间地理矢量数据与影像位置的对应关系。

步骤2:设输入图像像素点f_i,经过四叉树加权方法识别并提取路网后的输出图像为f_o,则有$f_o = F_{N_1}(f_i)$,其中F_{N_1}为四叉树加权算法构成的处理架构,根据路面类型特征值转换公式获取得到路面类型特征值$N_o = F_{N_1}(f_i)$。

步骤3:公路缓冲面状空间地理矢量区域内二值化像素点使用四叉树加权方法遍历,获取路面类型一致的二值化像素点。

步骤4:循环遍历读取每条公路的矢量缓冲面状区域L_i。

步骤5:获取公路面状区域L_i的最小外接矩形Q_i。

步骤6:以矩形Q_i裁剪需进行处理的遥感影像,保留矩形区域内影像;如果Q_i区域不在一幅遥感影像内,需寻找涉及的所有遥感影像I_i。

步骤7:将影像I_i拼接在一起后,以320像素×320像素分成n幅固定格式尺寸的影像,依次输入四叉树加权算法内,获取n个二维矩阵的输出图像$f_o(n)$和路面类型N_o特征值。

步骤8:将$f_o(n)$按分幅顺序拼接,运用GIS的栅格像素转换成矢量算法,再计算影像上的矢量多边形区域内像素点路面类型加权特征值N_o。

步骤9:计算路线L_i内像素点的路面类型N_o特征值的平均值。

步骤10:根据路线L_i内路面类型N_o特征值的平均值拟合路面类型。

路面类型识别算法流程如图4-6所示。

(4)程序实现

路面类型识别实现流程如图4-7所示。

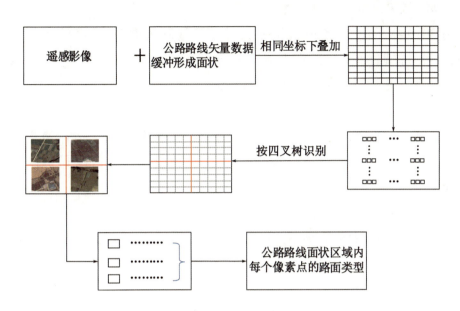

图 4-6 路面类型识别算法流程

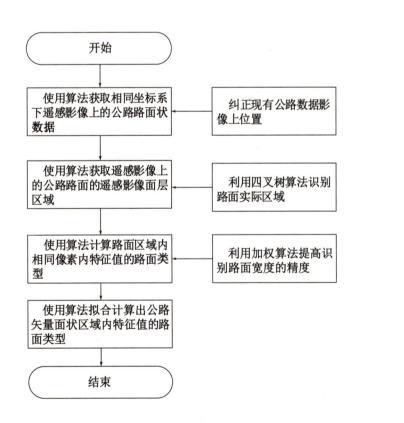

图 4-7 路面类型识别实现流程

(5) 算法效果

利用 2019 年云南省 25 万公里的农村公路基础数据,对该算法进行了精度测算。沥青(水泥)路面类型识别准确率达到了 83%,其他路面类型(包括简易铺装、砂石、石质、渣石、砖铺等)识别准确率为 72%。经分析主要有以下几方面原因:

一是由于我国面积辽阔,各地不同路面类型在影像上的二值化像素值差异较大,特别是简易铺装、砂石、石质、渣石、砖铺等其他路面在不同区域内的二值化像素值存在差异。

二是对不同区域内的不同路面类型的样本训练不足。

三是算法中仍有不足的地方,如对使用 3~5 年后的路面识别率明显低于新铺路面的识别率。

4.2 基于时空分析的农村公路数据全生命周期管理技术

4.2.1 技术背景

交通运输脱贫攻坚成效监测评估是一项持续性工作,需对交通基础设施进行长期精细化管理。农村公路基础设施(含桥隧等附属设施)多而杂且变动频繁,是管理的重点和难点。基于以上情况,项目组着重研究了基于时空分析的农村公路数据全生命周期管理技术,从时间和空间两个维度对农村公路基础设施以及其重点服务的乡镇和建制村的变更情况进行比对、校核、分析,力求数据精准、过程可控。

随着现代科学技术,尤其是计算机技术引入地图学和地理学,地理信息系统开始孕育、发展。以数字形式存在于计算机中的地图,向人们展示了更为广阔的应用领域。利用计算机分析地图、获取信息,支持空间决策,成为地理信息系统的重要研究内容,"空间分析"成为这一领域的专门术语。空间分析是地理信息系统的核心,空间分析能力,尤其是对空间隐含信息的提取和传输能力是地理信息系统区别于一般信息系统的主要方面。空间分析主要通过空间数据和空间模型的联合分析来挖掘空间目标的潜在信息,而这些空间目标的基本信息,无非是其空间位置、分布、形态、距离、方位、拓扑关系等。其中,距离、方位、拓扑关系组成空间目标的空间关系,它是地理实体之间的空间特性,可以作为数据组织、查询、分析和推理的基础。通过将地理空间目标划分为点、线、面不同的类型，可以获得这些不同类型目标的形态结构。将空间目标的空间数据和属性数据结合起来，可以进行许多特定任务的空间计算与分析。

4.2.2 农村公路基础设施数据全生命周期管理

从空间和时间两个维度对农村公路数据进行追溯与管理，主要包括两个技术应用点：空间位置变更分析和基础设施变更分析。

4.2.2.1 空间位置变更分析

对于农村公路在不同时期的变更管理，行业内通用做法有两类，一种是根据年度间属性来进行关联，二是使用缓冲重叠分析对比方法来分析。缓冲区分析是指以点、线、面实体为基础，自动建立其周围一定宽度范围内的缓冲区多边形图层，建立该图层与目标图层的叠加，进行分析得到所需结果。缓冲区分析是用来解决邻近度问题的空间分析工具之一，主要应用于三方面场景：一是基于点要素的缓冲区，通常以点为圆心、以一定距离为半径的圆；二是基于线要素的缓冲区，通常是以线为中心轴线，距中心轴线一定距离的平行条带多边形；三是基于面要素多边形边界的缓冲区，向外或向内扩展一定距离以生成新的多边形。

公路基础数据变更分析的具体做法是：设置上年度的农村公路电子地图数据缓冲区域，缓冲的面状区域与本年度的农村公路电子地图数据进行空间拓扑分析比对，对落入区域内的本年数据进行分析，再结合属性指标变更情况判别数据变更情况。主要包括四个工作步骤：一是根据地图位置关联进行地理空间拓扑分析；二是根据路线起讫点桩号加上公路路线电子地图长度的乘以使用公路路线线形参考的长度；三是对分析出的新建或废弃数据，再次进行核对，确保分析结果无误；四是生成路线空间位置变更分析表。表4-2为公路空间位置变更分析结果示例，包含农村公路路线在空间位置、编码及对应桩号、路线拆分或合并、新建或废弃等方面的变更情况。

公路空间位置变更分析结果示例　　　　　表4-2

本年路线			上年路线			空间位置变更原因
编码	起点桩号	讫点桩号	编码	起点桩号	讫点桩号	
Y087410182	0	3.351	X009410182	0	3.327	未变更
Y134410328	0	8.409	C360410328	0	8.398	未变更

续上表

本年路线			上年路线			空间位置变更原因
编码	起点桩号	讫点桩号	编码	起点桩号	讫点桩号	
Y134410328	8.409	8.783	C660410328	0	0.189	未变更
Y140410122	0	2.524	C106410122	0	2.504	未变更
Y173410122	0	2.023	Y046410122	5.793	7.986	未变更
C002411724	0	2.159				新建
			C072411102	0	2.417	废弃
C003411621	0	2.857	C003411621	0	2.857	未变更
X001410106	0	7.752	X001410106	0	7.752	未变更

路线空间位置变更分析过程中主要存在地理空间拓扑分析和容限值选择两个技术难点。

(1) 地理空间拓扑分析

公路进行重新采集时,由于 GPS 轨迹或重新采集时方向不一致会造成采集后线形与原线形不完全一致的情况;另外,使用线形纠正功能,也会导致纠正后的线形与原线形存在一定偏差。

根据对 2015—2020 年的农村公路基础数据分析发现,20%～22% 的农村公路路线存在年度间线形调整的情况。为追溯此类数据的变更情况,做好农村公路数据质量管控,项目组研究提出了公路地理空间拓扑分析技术来对公路数据全生命周期进行管理。此套技术框架的核心要义是抓住关键要点,即以路线为单元构建空间位置变更表,根据变更表分析路线的变更情况,利用模型工具来合并地理空间位置,变更表内以桩号排序相邻记录集,从而降低重新采集或数据编辑等操作对空间地理分析造成的影响。

(2) 容限值选择

地理空间拓扑分析过程中有一个关键参数,即拓扑容限值[1]。容限值较大时,可更多地减少因为重新采集或局部调整线形造成的影响,但会出现更多"脏数据"(旁边的公路数据也会进入结果内)。项目组利用试验数据进行了测试,表 4-3 是

---

[1] 拓扑容限值是一个距离值,在这个值范围内的所有节点和边线被认为是重合的。

使用 5 米、10 米、15 米和 20 米容限值的测试结果。根据表 4-3 中的结果及相应明细数据,通过回归取值,项目组认为在农村公路拓扑分析时取 10 米的容限值较为合理。

路线地理空间容限值比对　　　　　　　表 4-3

容限值		5 米	10 米	15 米	20 米
路线线形无变更	指标调整	143221	149289	153122	157442
	指标无变更	3424662	3433551	3434551	3439978
路线线形反向	指标调整	321	321	321	321
	指标无变更	2466	2466	2466	2466
路线线形局部变更	局部废弃	146022	159447	161918	160142
	局部变更 指标调整	58378	54489	51316	49432
	局部变更 指标无变更	422078	399808	396134	391513
废弃路线		62341	60118	59661	58195
桩号不连续数据		9077	9077	9077	9077
合计		4268566	4268566	4268566	4268566

注:表内除容限值单位为米以外,其余单位为公里。

4.2.2.2 基础设施变更分析

(1) 设计思路

项目组结合基础设施空间位置变更表,对全国农村公路基础设施进行分析,对空间位置和关键指标变更情况进行分类,变更类型如表 4-4 所示。

变更类型划分　　　　　　　表 4-4

代码	含　义	代码	含　义
11	路线线形无变更、指标调整	32	路线线形局部变更、局部废弃
12	路线线形无变更、指标无变更	33	路线线形局部变更、指标调整
21	路线线形反向、指标调整	34	路线线形局部变更、指标无变更
22	路线线形反向、指标无变更	4	新增路线
31	路线线形局部变更、局部新增	5	废弃路线

基础设施变更分析流程如图 4-8 所示。

(2) 建立年度关联映射表

根据公路路线的地理空间位置结合路线编码和桩号分析,形成年度间关联映射表,反映农村公路路线变更情况,如表 4-5 所示。类似的,桥梁、隧道等公路设施通过地理空间位置及编码变更来进行年度间变更管理,如表 4-6、表 4-7 所示。

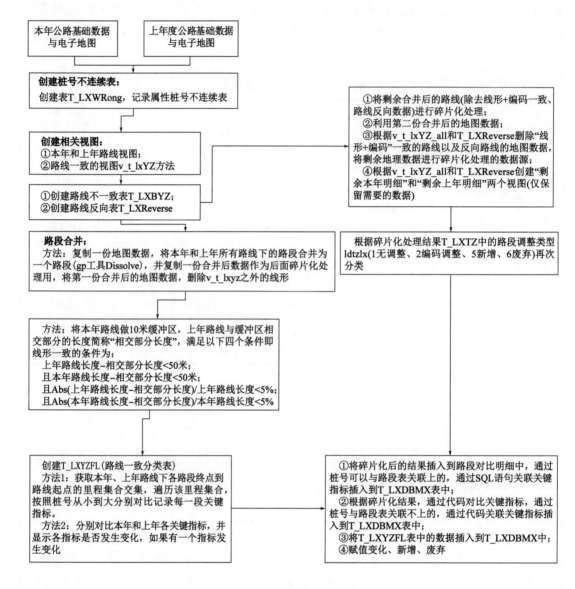

图 4-8 基础设施变更分析流程

公路路线关联映射表示例 表 4-5

路线编码	路线名称	上年路线编码	上年路线名称	上年起点桩号	上年讫点桩号	上年里程(公里)
X251130524	东潘—娄底	X251130524	东潘—娄底	14.406	16.635	2.229
X251130524	东潘—娄底	X251130524	东潘—娄底	9.605	10.223	0.618
Y001130402	刘固—河沙镇	Y001130421	刘固—河沙镇	44.855	46.424	1.569
Y001130402	刘固—河沙镇	Y001130421	刘固—河沙镇	46.954	50.832	3.878
Y001130402	刘固—河沙镇	Y001130421	刘固—河沙镇	42.894	43.725	0.831

桥梁关联映射表示例　　　　　　　　　　　　　　　　　　　　　　表 4-6

本 年 桥 梁				上 年 桥 梁			
编码	名称	经度(度)	纬度(度)	编码	名称	经度(度)	纬度(度)
X276210283L0150	前石嘴桥	123.2661534	39.85817939	X276210283L0150	前石嘴桥	123.2661671	39.85813689
X277520281L0040	庆丰二号桥	104.5590214	26.14543771	X277520281L0040	庆丰二号桥	104.5587741	26.1450567
X277520281L0050	七下桥	104.5467348	26.1667444	X277520281L0050	七下桥	104.546755	26.16670031
X277520281L0060	余底科桥	104.5286171	26.16992444	X277520281L0060	余底科桥	104.5285846	26.17001529
X277620982L0010	陇西桥	94.71588305	40.22263679	X277620982L0010	北干渠桥	94.69667791	40.3739424
X278210213L0020	台子南桥	122.1214776	39.31403298	X278210213L0020	台子南桥	122.1214115	39.31405957
X278210213L0030	跨线桥	122.1415903	39.28874278	X278210213L0030	跨线桥	122.1415682	39.288807

隧道关联映射表示例　　　　　　　　　　　　　　　　　　　　　　表 4-7

本 年 桥 梁				上 年 桥 梁			
编码	名称	经度(度)	纬度(度)	编码	名称	经度(度)	纬度(度)
CZ99511321U0010	晓霞观隧道	106.0745975	31.34805932	CZ99511321U0010	晓霞观隧道	106.0746013	31.34805967
CZZ3510823U0010	剑门关隧道	105.5619825	32.21871005	CZZ3510823U0010	剑门关隧道	105.5619974	32.21870925
X002360702U0010	峰山	114.9689812	25.7575453	X002360702U0010	峰山	114.96898	25.757545
X002410782U0010	辉陵隧道	113.507083	35.518449	X002410782U0010	辉陵隧道	113.507079	35.518451
X003410602U0020	蒋家顶隧道	114.079588	35.975225	X003410602U0020	蒋家顶隧道	114.079589	35.975226
X925140729U0020	堡子塘隧道	111.6694327	36.79031887	X925140729U0020	堡子塘隧道	111.6700833	36.78591833

(3) 生成变更汇总表

根据关联映射表,对年度间发生不同类型变更的农村公路基础设施进行分类汇总,得到变更汇总表,汇总各地区的本年路线里程、上年路线里程、新设的里程、废弃的里程、指标调整的里程、未变更的里程等。该表能全面反映全国及各地区农村公路基础设施的年度间变更情况,对农村公路基础数据核实以及农村公路管理与决策具有较高的参考价值。同样,根据桥梁、隧道、渡口的位置,对全国所有桥梁、隧道、渡口进行变更分析与追溯,实现桥梁、隧道、渡口等的全生命周期管理。

4.2.3 乡镇和建制村基础数据全生命周期管理

乡镇和建制村基础数据是农村公路基础数据的重要组成部分,农村公路的通达通畅等情况需要依托乡镇和建制村基础数据来确定。在多年的农村公路基础数据管理过程中,行业管理部门对乡镇和建制村基础数据的管理也经历了不断发展的过程,如图4-9所示。

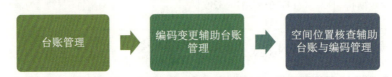

图4-9 乡镇和建制村数据管理方式发展过程

4.2.3.1 台账管理

自2012年起,项目组对乡镇和建制村实行台账管理,即每个乡镇和建制村以编码和名称建立台账。台账信息主要包括:通达情况、优选通达路线情况、项目建设情况等,见表4-8。

随着城乡一体化发展和新农村建设,出现了大量撤乡并镇和建制村合并、编码变更的情况,仅依靠传统的台账管理方式难以满足追溯乡镇和建制村以及农村公路全生命周期发展过程的业务需求。

4.2.3.2 编码变更辅助台账管理

从2014年起,针对乡镇和建制村编码变更导致无法追溯上年数据的问题,增加了乡镇和建制村编码追溯管理的技术手段。具体为:在《农村公路基础设施统计调查制度》(制度前期为《全国农村公路基础数据和电子地图更新方案》)中要求各地在报送乡镇和建制村明细数据时,同时报送乡镇和建制村的编码变更情况,以年度乡镇和建制村的编码变更情况为主线关联上年度乡镇和建制村,并以此辅助乡镇和建制村台账开展基础数据管理工作。

乡镇和建制村管理台账表示例

表 4-8

省份	市	县	乡镇建制村编码	乡镇建制村名称	通达现状	是否安排过计划	优选通达路线编码	优选通达路线名称	计划里程（公里）
广西	桂林市	平乐县	450330205208	大田村委会	已通达、未通畅	是	C042450330	广运—大田	3.7
重庆	市辖区	万州区	500101151207	老雄村委会	已通达、未通畅	是	C340500101	赶谷路	9.07
重庆	市辖区	涪陵区	500102010213	新梨村委会	已通达、未通畅	是	C117500102	凉风垭—大竹林	9.848
重庆	市辖区	涪陵区	500102119208	中乐村委会	已通达、未通畅	是	C804500102	槽房—花园	4.949
重庆	市辖区	涪陵区	500102124215	泡桐村委会	已通达、未通畅	是	C365500102	大院子—泡桐树	7.574
重庆	市辖区	綦江区	500110001203	飞鹅村民委员会	已通达、未通畅	是	C013500110	万家寨—河对门	4.003
重庆	市辖区	綦江区	500110109217	长春村民委员会	已通达、未通畅	是	CP06500110	桥亭子—大岚垭	6
重庆	市辖区	綦江区	500110119221	塘岗村民委员会	已通达、未通畅	是	CN01500110	新桥—塘岗	9.35
重庆	市辖区	江津区	500116122207	铜鼓村委会	已通达、未通畅	是	CA80500116	天桃路	7.112
重庆	市辖区	合川区	500117124221	盘家村委会	已通达、未通畅	是	CD20500117	望仙支路	4.5

通过编码变更方式有效控制了乡镇和建制村的变更情况,更准确地反映年度间乡镇和建制村变更进展情况。但在数据管理过程中仍存在一些问题,即地方填报的编码变更表存在编码对应错误、同一乡镇或建制村当成废弃与新设处理等问题,传统的数据审核方式难以发现上述问题。表4-9所示为乡镇和建制村变更表示例。

乡镇和建制村变更表示例 表4-9

变更后乡(镇)、建制村		变更前乡(镇)、建制村		变更原因	备注
代码	名称	代码	名称		
621202105233	聂家沟村				1.新设
		620821109210	来家洼村委会		2.撤销
		622921202208	三台村委会		2.撤销
		620821100218	芋子沟林场村委会		2.撤销
621122101204	小湾村委会	621122101204	东铺村		3.更名
621227102205	龙头新村村委会	621227102205	黄坝村委会		3.更名
621227208211	苟店村委会	621227208211	苟庄村委会		3.更名
629800100219	华家井村	620121107213	华家井村		4.更码
620921101211	夹墩湾村委会	620921101213	双树村委会	两个建制村调换位置	9.其他
620921101213	双树村委会	620921101211	夹墩湾村委会	两个建制村调换位置	9.其他

4.2.3.3 空间位置核查辅助台账与编码管理

为解决上述问题,从2015年起项目组研究采用了"空间位置数据+遥感数据辅助核查乡镇和建制村变更情况"的技术方案,引入遥感影像数据,在填报的变更表内结合本年与上年度乡镇或建制村的地理空间位置数据来核查编码变更的准确性、真实性。具体如下:

①新设的乡镇或建制村。检查地理位置在上年数据1公里范围内是否有乡镇或建制村,是否存在填写上年乡镇或建制村,并利用遥感影像数据核查乡镇或建制村点位旁边是否存在居民居住区(图4-10)。

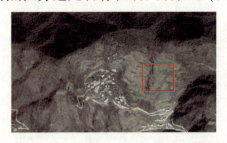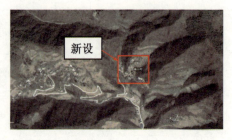

图4-10 建制村新设前后变化图

②更名、更码的乡镇或建制村。检查地理位置与上年空间位置是否基本一致，并通过遥感影像数据核查乡镇或建制村点位旁边是否有居民居住区（图4-11）。

 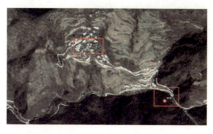

图4-11　建制村新设前后变化图

③废弃的乡镇或建制村。检查地理位置在本年数据1公里范围内是否有乡镇或建制村，是否存在填写上年乡镇或建制村，并通过遥感影像数据核查乡镇或建制村点位旁边是否有居民居住区（图4-12）。

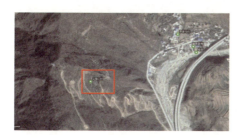 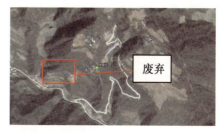

图4-12　建制村新设前后变化图

④乡镇或建制村搬迁。通过遥感影像数据核查乡镇或建制村的点位旁边是否有居民居住区，并检查乡镇建制村搬迁前后的地理位置是否合理（图4-13中的上豆家村与下豆家村合并，并迁移到新地理位置豆家阳山村）。

图4-13　建制村新设前后变化图

以上技术方式利用空间位置信息跟踪乡镇和建制村变更情况，再使用乡镇和建制村变更情况来管理乡镇和建制村台账信息，从而实现对乡镇和建制村通硬化路情况的追溯和精准化管理。

第 5 章　交通扶贫全链条管理体制机制

5.1　规划、计划、统计协同化项目监测机制

5.1.1　背景

"十二五"前,交通固定资产投资规划、计划、统计等业务信息化发展水平相对较低,跨业务的信息共享、线上协同难以实现,交通扶贫重点项目的全生命周期监测数据基础薄弱,最主要的障碍是规划、计划、统计系统中的项目编码体系不一致,衔接困难。

基于此背景,项目组研发了动态编码技术并进行了信息化实现,彻底改变了交通固定资产投资规划、计划、统计独立运行的局面,支撑了交通扶贫重点项目的全生命周期监测。

5.1.2　规划、计划、统计协同技术路线

对中央投资交通项目应用规划、计划、统计协同机制,整体管理流程主要划分为六个步骤。

步骤1:"十三五"规划编制阶段,各规划上报单位通过规划系统将本单位"十三五"建设项目列表上报至部级系统。

步骤2:交通运输部通过系统筛选、编制规划项目,于五年期初建立规划项目库,此时系统将自动为每个规划项目生成唯一的规划编码。规划项目由交通运输部审定后,通过规划系统分单位下发,下发内容主要包括项目名称及规划编码。

步骤3：规划项目下发后，各计划上报单位通过计划系统选择规划项目，并填报相应的年度或三年投资建议计划。最后，将包含规划编码的建议计划上报到交通运输部。

步骤4：交通运输部投资计划处通过规划编码，可关联规划库快速筛选出符合规划要求的建议计划，并进行投资计划审核和编制。投资计划经财政部批复后，可通过系统分单位下发。此时，系统会为每个投资计划项目自动生成唯一的包含规划编码的计划编码。

步骤5：投资计划下发后，各统计上报单位通过统计系统可选择本单位的年度投资项目，填报相应的月度统计数据，同时系统将为每一个统计的建设项目自动生成包含计划编码的项目最终编码。

步骤6：统计数据上报之后，交通运输部统计处通过此项目编码，可快速关联计划库，核查统计数据，并进行汇总分析。

中央投资项目规划、计划、统计衔接流程如图5-1所示。

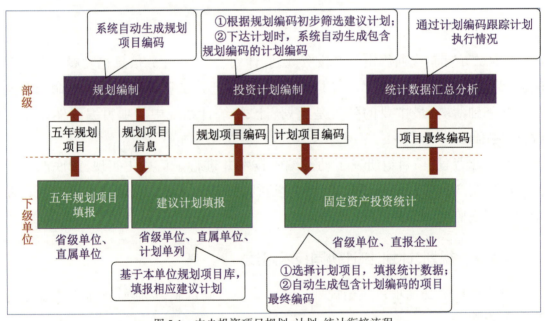

图5-1 中央投资项目规划、计划、统计衔接流程

5.1.3 项目动态编码技术方案

交通固定资产投资规划、计划、统计"三位一体"线上协同的技术思路，主要是通过对项目在不同阶段的扩展编码来实现规划、计划、统计数据的串联和综合利用。

研究提出了"项目发展不同阶段动态扩展编码技术"，以应对规划、计划、统计数据间"一对多""多对一""多对多"的情况。例如某省的规划项目 A,在年度投资安排时,可能会被拆分成两个市的年度投资项目 B 和 C;而开工建设时,B 项目又可能拆分成 D 和 E 两个项目,进行分段建设,分别统计。可采用扩展编码的方法,建立规划、计划、统计信息间的逻辑关系,实现有效串联。如规划项目 A 的编码是 001 时,计划项目 B 和 C 的编码前 3 位必须是 001。以此类推,由计划项目 B 拆分成的统计项目 D 和 E 的编码,其前 6 位必须是 001001。

结合行业实际情况,为了使编码具有生命意义,最终为交通固定资产中央投资项目设计了 41 位编码(图 5-2),它囊括了规划、计划、统计三部分信息,且每一位编码均由系统自动生成。通过编码的串联,实现规划、计划、统计业务互联互通、综合利用。

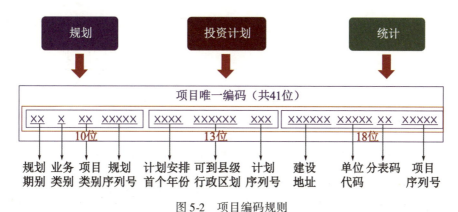

图 5-2 项目编码规则

5.1.4 信息化实现

依据以上协同管理机制,研究提出了交通固定资产投资规划、计划、统计系统建设方案,并依托"交通运输统计分析监测和投资计划管理信息系统(一期)工程""综合交通运输统计信息决策支持系统工程"实现了信息化应用。中央投资项目规划、计划、统计系统框架如图 5-3 所示。

规划信息管理系统:主要完成五年规划建设项目库管理、规划和相关文档管理以及规划信息综合查询等三方面内容。

投资计划信息管理系统:主要由建议计划填报、投资计划审核编制和计划查询统计三个子系统构成。针对交通扶贫重点项目的过程监测,系统实现了统计数据与计划数据自动衔接,为交通扶贫重点项目的监测预警提供了便捷的技术手段。重点项目进度监测表如图 5-4 所示。

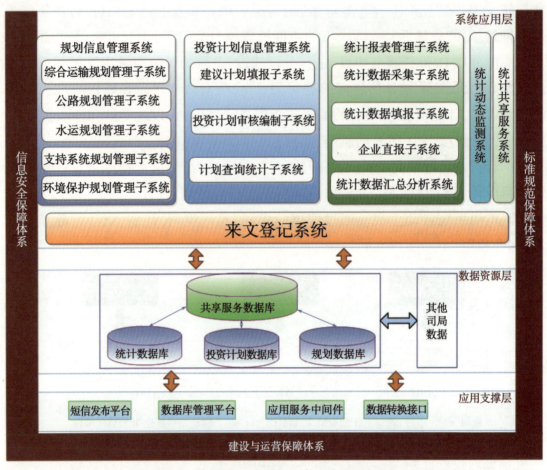

图 5-3 中央投资项目规划、计划、统计系统框架

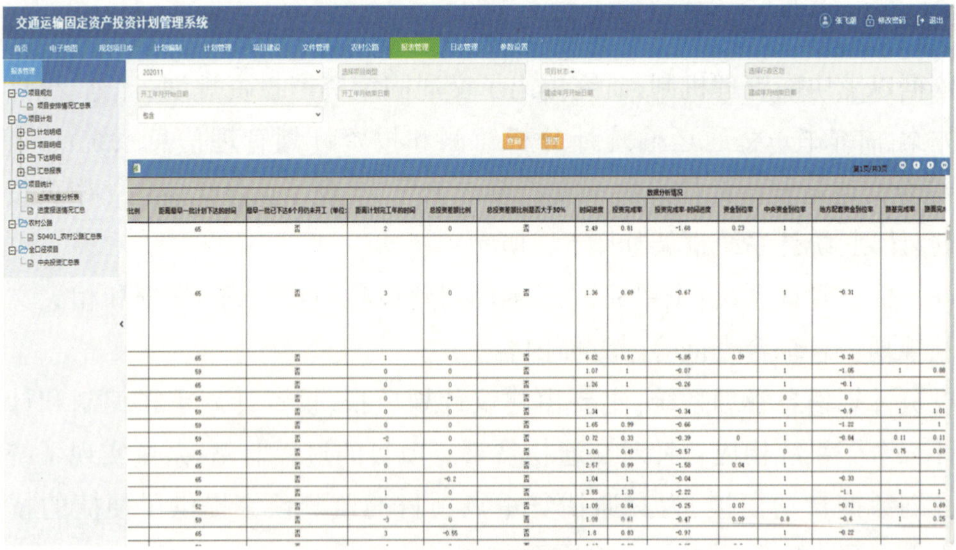

图 5-4 重点项目进度监测表

统计报表管理子系统:支撑交通运输部综合规划司完成四套综合统计报表制度的网络填报、审核、汇总、反馈工作。

5.2 交通扶贫监管制度

5.2.1 经验借鉴

近年来,为落实中央全面绩效管理要求,国家发展改革委、农业农村部等部委(行业)创新监管模式,实施了投资计划全方位、深层次的监管,取得了良好实效。

5.2.1.1 国家发展改革委经验

2014年,国家发展改革委颁布了《中央预算内直接投资项目管理办法》,对中央预算内直接投资项目的监督检查提出了总体要求。从2017年开始,为了提高中央预算内投资使用效益,国家发展改革委加大了中央预算内投资计划的监管力度,颁布了《中央预算内投资计划实施综合监管暂行办法》《中央预算内投资项目日常监管实施办法(试行)》两个办法。

《中央预算内投资计划实施综合监管暂行办法》适用于国家发展改革委内部中央预算内投资计划下达后的全过程和各环节的监督管理活动。明确了国家发展改革委内部司局之间监管职责分工,落实地方发展改革部门和参与中央预算内投资计划管理相关部门的监管职责,建立了分工明确、各负其责、纵横联动的投资计划监管体系,形成协同监管机制。《中央预算内投资项目日常监管实施办法(试行)》是为加强中央预算内投资计划实施的综合监管,压实日常监管责任,规范监管行为而专门制定的办法。国家发展改革委中央预算内投资计划监管方面的主要做法及经验总结如下:

(1)建立了专门机构,形成协同监管机制

成立专门的监管机构(重大项目稽查特派员办公室),作为中央预算内投资计划实施综合监管的牵头机构,负责组织协调、调度管理、网上监测和监督检查。明确了国家发展改革委内部司局之间监管职责分工,落实地方发展改革部门和参与中央预算内投资计划管理相关部门的监管职责,建立了分工明确、各负其责、纵横联动的投资计划监管体系。

（2）建立了日常监管机制，压实日常监管责任

投资计划直接下达到项目的，应明确每一个项目的日常监管直接责任单位和监管责任人。投资计划采用切块（打捆）方式下达，有关司局应请省级发展改革部门或其他部门在计划分解时，同步确定具体项目的日常监管直接责任单位和监管责任人。日常监管直接责任单位对项目申报、建设管理、信息报送等履行日常监管直接职责。监管责任人应随时掌握项目建设情况，原则上应做到"三到现场"，即开工到现场、建设到现场、竣工到现场，并及时主动向上级相关部门报告。

（3）依托信息化手段，开展动态、全方位监管

依托全国投资项目在线审批监管平台和国家重大建设项目库，将所有中央预算内投资项目纳入监管范围，其中绝密级项目按国家有关规定实施监管。对每个项目计划下达、计划实施的全过程进行在线监测，实现常态化监管。

（4）注重实效，结果与投资优化良性互动

加强监管成果运用，将稽查检查结果作为制定完善政策、安排投资计划、改进投资管理的重要依据。建立了投资监管与投资安排紧密衔接的激励约束机制，优化投资安排。加强中央预算内投资绩效考核，对计划实施情况进行评估评价，提升投资管理水平。

5.2.1.2 农业农村部经验

农业部门从"十二五"期逐步加强固定资产投资管理和建设项目管理。2004年颁布了《农业基本建设项目管理办法》❶，第五章对项目的监督管理进行了要求："县级以上人民政府农业行政主管部门，按照职责分工依法加强项目监督检查，确保工程质量、建设进度和资金的合理、安全使用，提高投资效益。""省级人民政府农业行政主管部门和农业部直属单位要定期组织项目检查。"在随后出台的《农业建设项目监督检查规定》中，对农业建设项目监督检查的职责分工、监督检查内容、监督检查程序和检查结果处理进行了明确规定。

2019年，农业农村部印发《农业农村部农业投资管理工作规程（试行）》，提出"计划财务司统筹组织农业投资的监督管理。各相关司局应加强对农业投资项目的监管，及时对项目进展进行调度、督导。省级农业农村部门负责项目日常监督管理工作，及时调度各地农业投资项目进展情况，加强对绩效目标实现和资金管

---

❶ 《农业基本建设项目管理办法》已于2020年9月14日经农业农村部第13次部常务会议通过，决定废止。

理使用情况的督导检查。""计划财务司、各相关司局、省级农业农村部门应按照有关规定,加强对农业投资项目的审计监督,主动支持配合有关部门开展审计、巡视督查、纪检监察等,自觉接受社会监督。对审计等发现的问题,应按要求提出整改措施并严格落实。对于社会各界反映的情况和重要信访举报线索,应及时组织调查核实,依法依规处理。"主要做法及经验如下:

(1)建立管理体制,明确管理职责

《农业建设项目监督检查规定》提出了对部、省两级在项目监督检查中的职责分工。《农业农村部农业投资管理工作规程(试行)》进一步对部级层面的职责分工进行了明确。建立了部、省、市、县多层次的投资计划和项目监督检查管理体制,有利于工作的有序开展和发挥合力。

(2)建立管理机制,规范监督检查的内容、程序和处理结果

《农业建设项目监督检查规定》对监督检查的内容进行了明确,涉及项目的前期、中期、后期,业务范围涵盖基本项目建设程序、各项前期工作、施工、质量、资金、合同、监理、验收等。提出项目检查的方式包括听取汇报并质询、查阅资料、实地查看、座谈等方式。以上对投资计划监督检查的工作机制进行了明确,可操作性强,有较好的指导性。

(3)实施闭环管理,监督检查结果作为优化投资的依据

按照"奖优罚劣"的原则,将监督检查结果作为优化投资的依据。提出了问题项目的处罚措施;对管理制度健全、执行程序规范、投资效益显著的项目单位和地方,农业农村部给予通报表扬,并在年度投资及项目安排时给予倾斜。通过一系列的奖惩措施,优化资金安排,提高资金使用效率。

5.2.2 交通扶贫监管体制机制

从国家发展改革委中央预算内资金监管和农业投资计划监管的经验来看,职责明晰、机制明确和方法科学是关键要素。基于以上经验,项目组研究构建了交通扶贫监管体系。

5.2.2.1 监管体制

(1)总体组织体系

按照"事权财权对应"原则,交通运输部、各级地方人民政府交通运输主管部门按"统一领导、分级负责"的原则共同履行交通计划项目和资金的监督管理

职责。

(2) 部级职责分工

交通运输部职责：交通运输部负责全国交通运输固定资产投资计划执行和中央资金使用监督管理。各有关司局按职责分工相互配合，完善监督机制，共同开展对各省(区、市)交通运输扶贫项目监督检查，对问题项目和计划执行不力的省(区、市)进行督导或按有关规定进行惩罚。

投资计划处：牵头负责司内监督检查工作。负责交通运输固定资产投资计划执行情况的监督检查工作。归口负责对规划实施监督检查工作的情况进行汇总、分析评价、情况通报。

统计处：根据司内监督检查工作的要求，建立、完善统计监测评估体系，负责提供统计数据，配合开展监督检查工作。

规划处(综合运输规划处、公路规划处、水运规划处、发展条件处、环境保护处)：按照处室职责负责协助制订监督计划，参与规划实施情况和重点工作落实情况的监督检查工作，并对监督检查中发现的问题进行核实处理。

(3) 地方交通运输主管部门职责分工

省、市、县三级交通运输主管部门按照职责和隶属关系加强本行政区域内项目的管理与监督。省级交通运输主管部门组织实施本省(区、市)交通运输扶贫项目的监督、检查、督导、问责。市、县两级交通运输主管部门重点落实本行政区域内项目的日常监管职责。

5.2.2.2 监管工作机制

各级交通运输主管部门要完善交通计划项目和资金监管机制，做到日常监管与监督检查相结合。

(1) 日常监管工作机制与要求

日常监管应是交通计划与资金监管的基础。借鉴国家发展改革委的管理经验，交通运输行业各单位申报中央投资计划时，应明确每个项目的日常监管直接责任单位及监管责任人。日常监管直接责任单位原则上为对项目单位负直接管理责任的交通运输主管部门。监管责任人由日常监管直接责任单位明确。

责任单位应建立监管台账，针对建设手续、资金拨付、资金使用、建设进度等方面开展定期或不定期检查，对发现的问题组织核查，提出整改意见，督促整改；发现重大问题，及时向上级交通运输主管部门报告。

日常监管工作实行分类管理,重大项目监管责任人应及时掌握项目建设、资金拨付及使用等情况,做到"三到现场",即开工到现场、建设到现场、竣工到现场,对项目单位发挥有效督促作用,发现问题及时向日常监管直接责任单位报告。

省级交通运输主管部门应履行本省(区、市)交通运输扶贫项目和资金监督职责,并组织市县交通运输主管部门开展监督工作。

(2)监督检查工作机制与要求

省级交通运输主管部门应定期掌握项目前期工作、计划申报、资金到位、建设进展和投资完成等情况。并制订工作计划对重点项目进行检查,确保建设期内至少检查一次;对农村公路项目进行抽查。发现问题提出整改建议,并督促相关单位落实整改。每年2月底前,汇总形成报告报交通运输部。发现重大问题,应及时上报。

交通运输部对全国交通固定资产投资项目进行监测,对存疑项目和随机抽取的项目进行现场检查。监督检查中发现的问题,定期形成整改意见并下发各省(区、市)。相关省(区、市)交通运输主管部门应督促责任单位落实整改。交通运输部适时对相关省(区、市)问题整改情况进行"回头看"。

(3)监督检查的工作方式

借鉴其他行业经验,结合交通运输行业固定资产投资计划基础数据管理的现状与条件,提出了部级、省级监督检查的可行工作方式。

省级层面,作为监督检查的主体,要综合利用内业数据核查、遥感影像核查、实地核查等方式进行全方位、深层次的监督管理。部级层面,作为行业主管部门,可通过统计数据、督查抽查等方式进行监督管理。

其中,内业数据核查主要是基于年度投资计划库,结合每月的统计报表情况,对报表数据进行关联、对比分析,对项目的进度、资金使用情况进行监测评估,筛选出疑似问题项目。遥感影像核查主要是利用遥感影像数据对疑似问题的进一步核实或对重点建设项目的进度进行跟踪。实地核查主要是现场查看项目资料和建设情况,主要用于问题项目的核查和正常项目的抽查。

5.2.2.3 监管制度

根据交通运输行业监督检查工作存在的问题以及中央投资管理和扶贫监管整改的要求,本项目对监督检查制度进行了研究,经征求行业(相关单位)意见和修改完善,最终形成了《交通扶贫项目和资金监督管理办法》和《综合规划司规划计划监督检查工作管理规程》两个管理办法,为部、省两级开展交通扶贫资金与项目监管提供了政策依据。

其中,《交通扶贫项目和资金监督管理办法》适用于全行业,涉及部、省、市、县(乡)各级交通运输管理部门,以扶贫地区为主,非扶贫地区可参照执行。交通运输部于2019年9月以交规划发〔2019〕112号文在行业公开发布。《综合规划司规划计划监督检查工作管理规程》为部综合规划司司内办法,重点对综合规划司内处室在规划计划监督检查中的职责和工作程序进行了明确,已在司内印发。

(1)《交通扶贫项目和资金监督管理办法》

①编制的总体情况。

为贯彻落实党中央、国务院关于打赢脱贫攻坚战的决策部署,进一步加强和规范中央投资交通扶贫项目和资金管理,保障交通扶贫项目有序实施,提高交通扶贫中央资金使用效益,研究制定了《交通扶贫项目和资金监督管理办法》。交通扶贫项目指的是《"十三五"交通扶贫规划》规划范围内的使用车购税、港建费等中央投资的公路水路交通建设项目。

②重点内容。

职责分工:文件第四条和第五条分别提出了交通运输部和地方各级交通主管部门在交通扶贫监督检查中的职责。其中,地方各级交通主管部门涉及省级和市、县级。

中央资金管理:提出了使用中央资金的扶贫项目管理流程。包括前期工作、地方管理部门对计划的审核、计划的层层下达、转发,资金规范使用,计划调整等。

项目监督管理:提出地方各级主管部门要做好日常监管,明确各项目的监管单位、监管责任人,建立监管台账,开展现场检查等;交通运输部进行监督检查,发现问题要求地方整改。同时,提出了扶贫项目统计工作要求。

信息公开:提出投资计划下达后,各级交通运输主管部门应按规定进行公开;提出可行的公开方式,如门户网站公示、信息公开栏公告公示等;并要求畅通举报渠道,及时处理群众反映的问题。

处理措施:提出交通扶贫中央资金使用、管理中违法违规问题的处理措施。

(2)《综合规划司规划计划监督检查工作管理规程》

①编制的总体情况。

为加强交通运输发展规划实施监督检查,保障规划计划执行效果,强化交通运输固定资产投资计划执行,提高中央资金使用效益,明确司内处室职责和工作程序,实现规划计划监督检查工作规范化、制度化、长效化,研究制定了《综合规划司规划计划监督检查工作管理规程》。该规程为司内规程,用于规范司内各处室的职责和工作程序。监督检查的重点是规划实施、计划执行、目标任务完成。

②主要内容。

指导思想和原则:规程第三条提出了"四个意识"指导思想,并提出了目标导向、问题导向、统筹平衡的总体原则。

监督检查体系:提出建立"351"监督检查体系。监督检查工作结合内业数据核查、遥感影像核查、现场实地核查三种方式,重点针对目标完成、项目建设、资金使用、绩效质量、工作机制五方面开展,对于发现的问题予以问责。

监督检查职责分工:对投资计划处、统计处、规划处(指综合运输规划处、公路规划处、水运规划处、发展条件处、环境保护处)的职责分工进行了明确。

投资计划处。牵头负责司内监督检查工作。负责交通运输固定资产投资计划执行情况的监督检查工作。归口负责对规划实施监督检查工作的情况进行汇总、分析评价、情况通报。

统计处。根据司内监督检查工作的要求,建立、完善统计监测评估体系,负责提供统计数据,配合开展监督检查工作。

规划处。按照处室职责负责协助制订监督计划,参与规划实施情况和重点工作落实情况的监督检查工作,并对监督检查中发现的问题进行核实处理。

监督检查工作程序:提出拟定工作计划、开展相关工作、报告有关情况、反馈和问题整改、工作总结五个工作步骤。

监督检查工作方式:综合利用内业数据核查、遥感影像核查、实地核查等方式进行监督检查。

监督检查工作重点:提出目标完成、项目建设、资金使用、绩效质量、工作机制五方面的监督检查重点。

其他:提出了时限要求、责任追究机制、工作纪律和保密制度。

5.3 交通扶贫评估方法

5.3.1 评估方法体系

5.3.1.1 国内外研究现状

政策评估是指依据一定的标准和程序,运用科学的方法,对政策的效益、效率、效果及价值进行综合判断与评价的行为。广义的政策评估分为对政策的事前、事中和事后评估三种类型;狭义的政策评估则专指事后评估,主要着眼于政策实施效果。

目前,美国、日本等国家开展重大政策评估的实践主要采用了成本收益分析法、比较法、归因法。成本收益分析法,即以货币单位为基础对政策的投入与产出进行估算。该评估方法以收益超过成本以及社会净福利最大化为政策评估标准,直接体现了开展政策评估的首要目标——提高财政资金的使用效率和公共部门提供公共产品的效率。比较法主要将观测指标与基准或参照系相比较,以评估政策的成效。归因法评估在一个反事实框架中证实,观测指标的变化是否真的由某项政策施行造成。国外重大政策评估主要基于定量评估,以成本收益分析法为主,侧重评估政策的经济效益,且以事后评估为主。

国内重大政策的评估技术与方法和国外类似,以事后评估为主,基于定量评估,侧重评估政策的经济效益。

5.3.1.2 交通扶贫评估方法体系

(1)评估要求

交通扶贫政策评估需要满足三个要求:一是精准评估、实事求是,经得起群众的质疑;二是创新方法、拓展手段,确保评估结果科学、可信;三是事中评估与事后评估相结合,并且强化事中评估。

(2)评估原则

交通扶贫政策是关系几千万贫困地区群众的重大政策,其社会性特征突出,因此交通扶贫政策评估应遵循以下原则:

一是客观评估和主观评估相结合。对政策的全面评估,既需要评估政策客观上"做出了什么",即对政策实施过程所产生的客观事实进行评价;也需要评估主观感受上"做得怎么样",即目标群体对政策执行效果主观感受的评价。

二是当前评价与未来调整相结合。对政策实施效果进行评估的主要目的是考察政策在实施中所取得的成效并发现存在的问题,系统综合分析政策的优缺点,并将评估结果作为政策下一轮修改完善的重要依据。

三是定量分析和定性分析相结合。采取定量+定性方法,以定量方式为主。在定量指标无法适用时,再以定性指标进行评价,以提高评估结果的全面性。

(3)评估方法

基于以上要求和原则,项目组研究构建了交通扶贫评估方法体系,如图5-5所示。

定量评估:依据统计数据或其他来源数据,计算分析对象的各项指标及其数值来评估分析的方法。

定性分析:对评价对象做"质"的分析,运用分析和综合、比较和分类、归纳和演绎等逻辑分析的方法,对评价所获得的数据、资料进行加工的方法。

现场取证:对有助于评估工作开展的工程质量、视频、图片等进行采集,为评估提供证据的方法。

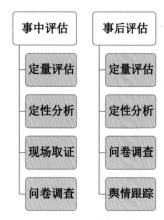

图 5-5 交通扶贫评估方法体系

问卷调查:通过制定问卷,要求被调查者据此进行回答,以收集资料的方法。

舆情跟踪:对社会公众的言论和观点进行监视,为评估提供依据的方法。

5.3.2 交通扶贫绩效评估指标体系

交通扶贫绩效评估以事后评估为主,合理的评估指标体系能保障评估结果科学、公正。根据交通扶贫绩效评估的重点和原则,参考可用的统计数据,对主要指标进行了筛选。同时,增加了部分效益评估必要的测算指标及其他来源的指标,具体见表5-1。

评估主要指标及数据来源　　　　表 5-1

领域	指标	来源
投资	投资完成额	行业统计
	车购税安排额	计划管理系统
基础设施建设	公路总里程	行业统计
	公路技术等级构成	行业统计
	农村公路总里程	行业统计

续上表

领　域	指　标	来　源
基础设施建设	农村公路技术等级构成	行业统计
	农村公路路面类型构成	行业统计
通达率通畅率	乡镇通达率、通畅率	行业统计
	建制村通达率、通畅率	行业统计
客货运	建制村通客车率	行业统计
	自然村能便利乘坐公共汽车的农户比重	农村贫困监测调查
	每百户汽车拥有量	农村贫困监测调查
	交通通信人均消费支出	农村贫困监测调查
	快递网点乡镇覆盖率	邮政年度总结报告
投资效益	中央资金的交通投资直接拉动效应	测算指标
	中央资金的交通投资广义拉动效应	测算指标
	交通投资对国内生产总值(GDP)的拉动	测算指标
	交通投资对就业岗位的拉动	测算指标
脱贫效果	农村居民人均可支配收入	农村贫困监测调查
	农村居民人均可支配收入名义增长	农村贫困监测调查
	农村居民人均消费支出	农村贫困监测调查
	农村居民人均消费支出增速	农村贫困监测调查
	恩格尔系数	农村贫困监测调查
	典型耐用消费品每百户拥有量	农村贫困监测调查
	贫困人口	农村贫困监测调查
	贫困发生率	农村贫困监测调查

5.3.3　关键目标完成情况评估方法

5.3.3.1　背景

完成具备条件的乡镇和建制村100%通硬化路,是我国全面建成小康社会、打赢脱贫攻坚战的底线目标,是打赢交通运输脱贫攻坚战的关键性目标任务,必须确保万无一失,经得起考验。

交通部于2005年组织开展了全国农村公路通达情况专项调查,建立了全国农村公路基础属性和电子地图数据库,随后建立了年度更新机制,掌握全国乡镇和建制村的通达情况。随着各地经济社会发展,乡镇和建制村不断建立、撤销、合并,数量每年都有调整。进入"十三五"期,特别是最后两年,保证交通运输部门掌握的乡镇和建制村名称、数量、通达状况真实、准确就更为关键。

5.3.3.2 多部门分级评估方法

针对该项关键目标任务完成情况的摸底与评估,项目组研究建立了分级评估机制,即群众、各级政府、各级行业管理部门对目标任务的完成情况分别进行核实确认与评估,达到群众、行业、政府对目标任务完成情况的一致认识和认可,从而确保目标任务真正完成。关键目标多部门分级评估机制示意图如图5-6所示。

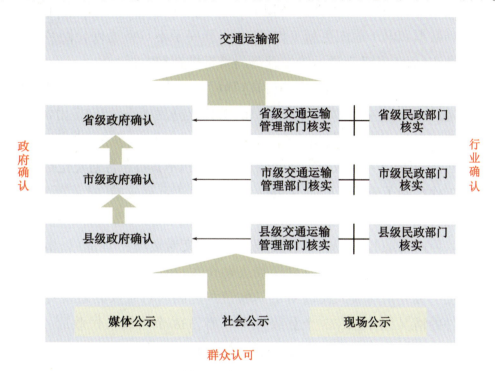

图5-6 关键目标多部门分级评估机制示意图

该机制创新了交通运输行业原有的行业内部评估的机制,拓展为多部门,同时引入了社会公众参与模式,具有两大特征。

(1)由政府目标向全社会群众认知目标转变

只有全社会、全体人民群众共同认可目标完成,才能确保目标真正完成。

一是以社会群众的认知来推进目标任务完成。将行业的通硬化路标准和地方政府的通硬化路标准,与普通百姓的认知贯穿在一起。2018年和2019年开展了乡镇和建制村通硬化路"畅返不畅"整治工作,即只要路面有破损,影响百姓出行的,均开展整治,实现通硬化路目标任务完成标准与群众认可标准的统一,完成了政府目标向全社会群众认知目标转变的第一步。

二是地方各级交通运输主管部门在完成通硬化路任务,报请人民政府审批同意的情况下,对通硬化路情况进行多种形式的公示。通过各级属地的新闻广播、报纸、政府网站进行公示,在乡、村设立公示牌。公示期间设立投诉举报电话,查漏补缺,夯实目标,实现通硬化路目标任务完成情况与群众认可完成情况的统一,最终实现了全行业、全社会、全体群众对通硬化路目标任务完成情况的认可。

(2)由行业行为向政府行为转变

为实现2019年底具备条件的乡镇和建制村通硬化路,在开展每年一次的农村公路基础数据和电子地图更新工作基础上,开展了不具备通硬化路乡镇和建制村名录的排查,由各省级交通运输主管部门负责排查和上报。

2019年5月,专项布置开展乡镇和建制村通硬化路、通客车基础数据核查工作,由各省级交通运输主管部门组织,省、市、县逐级开展工作,特别提出各级交通运输主管部门要首先协调同级民政部门,在与同级民政部门就乡镇、建制村名录达成一致的基础上,报同级人民政府审核通硬化路情况和不具备条件通硬化路的名单。

此项工作得到了交通运输部主要领导的高度认可和支持,批示要求"千言万语、千方百计、千辛万苦"推进工作,并批准向全国各省级人民政府发函,请求地方各级人民政府的协助和支持。以此为契机,县级交通运输主管部门、市级交通运输主管部门和省级交通运输主管部门均主动作为,与民政部门核对数据,报请人民政府审批。最终由各级人民政府出具乡镇和建制村名录及其通硬化路情况和不具备条件的情况,全国2873个县级人民政府、338个市级人民政府、31个省级人民政府和新疆生产建设兵团均对任务完成情况进行了复函或审批同意。至此,实现了交通行业目标与各级人民政府政务目标的统一。

第 6 章　交通运输脱贫攻坚成效监测评估技术实践与应用

6.1　交通运输脱贫攻坚成效监测评估工作概况

2012 年以来,在交通运输部统筹领导下,项目组应用研究的数据处理技术、管理制度、评估方法,在农村公路基础数据管理、目标任务跟踪、扶贫督导核查、政策绩效评估等方面开展了长期而卓有成效的工作,交通运输脱贫攻坚成效监测评估工作"从无到有""从简单到综合""从粗放到精细"。主要开展的工作如图 6-1 所示。

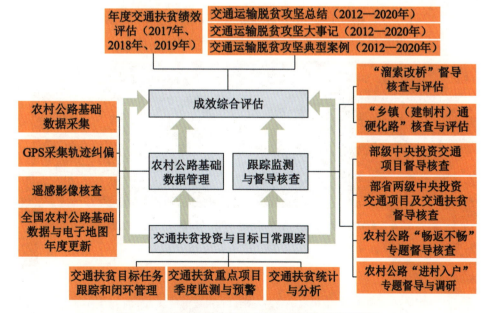

图 6-1　交通运输脱贫攻坚成效监测评估实践框架图

6.2 农村公路基础数据管理

6.2.1 高效、便捷的农村公路基础数据采集

全国 12 个省份应用项目组基于 GIS、GPS 和移动互联的农村公路数据采集技术研发的移动采集和数据处理系统,对全省公路基础设施进行外业采集,支撑了市、县公路基础数据与电子地图年度更新和公路基础数据核查等工作。

系统应用效果良好:一是智能移动端设备体积小、带电时间长,比以往 PC 端系统更灵活、UI(User Interface,用户界面)交互更为美观;二是数据采集、上传、下载流程合理,与原 PC 端系统相比,外业采集效率显著提升;三是采集后的内业处理效率也有所提升,县级交通管理部门内业处理时长由原来的平均 3 个人日降为 2 个人日。

6.2.2 精准化公路基础数据与电子地图管理

2012 年以来,交通运输部和地方交通运输管理部门利用公路基础数据管理成套技术,逐年对约 400 万公里的农村公路进行年度更新,实现对农村公路基础设施和电子地图的精准化管理。部级农村公路基础设施报送审核系统界面如图 6-2 所示。全国 12 个省份应用了项目组开发的农村公路基础数据与电子地图更新系统。省级农村公路基础设施管理系统界面示例如图 6-3 所示。

图 6-2 部级农村公路基础设施报送审核系统界面

图 6-3　江苏省农村公路基础设施管理系统界面

各省份利用 GPS 轨迹纠偏技术，每年对全国约 120 万公里（其中贫困地区 60 万公里）的外业采集农村公路轨迹进行纠偏，GPS 轨迹准确率提升了约 7%。部级应用遥感影像对公路数据的校核技术，对地方上报的农村公路数据进行审核。以 2019 年为例，依托遥感影像，发现了全国约 6 万公里的问题线路。在农村公路数据更新工作中，应用基于链码的 GIS 路线线形比对技术，对重新采集、新入库的路线与上年数据进行比对、筛选，确保入库数据不重、不漏。

一系列关键技术的应用，使得农村公路基础数据准确性明显提升。"十二五"初期因缺乏有效的核查、校核手段，数据错误率无法确定；"十三五"末期应用高效的自动纠偏技术、基于遥感影像的审核技术，能够实现对错误数据的精准识别，路线线性、属性指标有误的里程数由原来的 5 万~6 万公里降为 3000~4000 公里，乡镇和建制村通达通畅情况达到了 100% 准确。数据处理的效率也大幅提升，"十二五"期全国农村公路基础数据和电子地图审核、处理的时长约为 6 个人月；由于应用了全生命周期管理技术对农村公路及其附属设施进行管理，减少了对未变更数据的审核工作量，"十三五"末时长降为 2 个人月左右。

6.3　交通扶贫目标任务跟踪

6.3.1　扶贫统计数据整理与汇总

针对"十三五"期的交通扶贫战略目标和工作重点，基于长期管理的农村公路基础数据和统计数据，项目组对扶贫相关数据从不同角度、不同维度进行汇总，形成了2015—2020年共六年的关于集中连片特殊困难地区的公路统计资料、2015—2020年共六年的关于全国农村公路基础数据和电子地图的更新统计资料和2016—2020年共五年的有关全国扶贫县农村公路的基础资料。

"十三五"以来，数据统计汇总的颗粒度更细、频度更高，为交通扶贫成效监测评估提供了有力支撑。

6.3.2 目标任务跟踪与管理

利用农村公路基础数据、扶贫统计数据，从2016年底开始，项目组开展了月度交通扶贫目标任务跟踪，并逐渐形成了"年度目标任务下达—月度进展跟踪—实地调研督导—全年评估考核—下年度目标任务下达"的闭环管理机制（图6-4）。

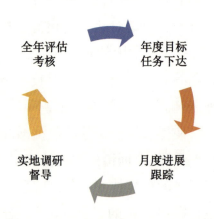

图6-4　年度目标任务闭环管理机制示意图

年初在与地方各省级交通运输主管部门沟通协调基础上，综合各省份"十三五"交通扶贫规划确定目标任务进展情况，研究提出年度交通扶贫目标任务建议数，并报交通运输部，由交通运输部研究后下达。

以月度报表形式，追踪各项交通扶贫目标任务的进展情况，一般在下半年向交通运输部提出情况通报建议，并选择进展情况落后的省份向交通运输部提出实地调研建议，掌握实际情况，推进任务落实。

交通扶贫月报报表经历了由非正式Excel表报送，到交通扶贫统计制度建立，正式成为统计数据的过程，数据权威性和渠道畅通性得到了极大提高。

各省份全年各项交通扶贫目标任务进展情况审核确定后,依据各项建设目标任务的进展情况开展考核评估,研究提出了"交通扶贫建设任务累计完成率"指标,交通运输部扶贫办采纳该项指标内容,作为全年交通扶贫表彰的数据支撑保障。全年交通扶贫目标任务的完成情况将计入规划任务累计完成情况内,为下一年度扶贫目标任务的确定打下基础。

在研究《"十三五"交通扶贫规划》基础上,梳理了乡镇通硬化路比例、建制村通硬化路比例、县城通二级路以上公路比例等7个指标类目标和国家高速公路建设里程、普通国道建设里程、乡镇通硬化路建设里程和新增通畅乡镇个数等13个建设类目标,逐月对以上目标的完成情况进行跟踪。为了准确掌握各项目标的执行情况,依托《"十三五"交通扶贫规划》提出的指标,对部分指标进行了细化、拆分、丰富,分项目类型,按照细化后的指标体系进行月度跟踪。月度跟踪进展的基层指标表见表6-1~表6-4,汇总指标见表6-5。

交通扶贫建设信息表(高速公路、国省道) 表6-1

指 标		单 位	"十三五"规划目标	合 计	累计完成数量	完 成 率
合计	完成投资	万元	—			
	建成里程	公里	—			
国家高速公路	完成投资	万元				
	建设里程	公里	16000			
地方高速公路	完成投资	万元				
	建成里程	公里	—			
普通国道	完成投资	万元	—			
	建设里程	公里	46000			
普通省道	完成投资	万元	—			
	建成里程	公里	—			

交通扶贫建设信息表(水运) 表 6-2

指　　标	单　位	"十三五"规划目标	合　计	累计完成数量	完　成　率
新增及改善航道里程	个				
新增泊位个数	个				

交通扶贫建设信息表(农村公路) 表 6-3

指　　标		单　位	"十三五"规划目标	合计	累计完成数量	完　成　率
①乡镇通硬化路	建成里程	公里	—			
	新增通畅乡镇个数	个	246			
②建制村通硬化路	建成里程	公里	—			
	新增通畅建制村个数	个	24500			
③撤并建制村通硬化路	建成里程	公里	—			
	新增通畅撤并建制村个数	个	21000			
④窄路基路面公路加宽改造	建成里程	公里	139000			
⑤农村旅游路资源路和产业路	建成里程	公里	31600			
⑥安全生命防护工程	所有农村公路安全生命防护工程	公里	—			
	其中:村道上的安全生命防护工程	公里	109000			

续上表

指　　标		单　位	"十三五"规划目标	合计	累计完成数量	完　成　率
⑦危桥改造及村道桥梁新改建	所有农村公路危桥改造及桥梁新改建	座	—			
	其中:村道上的危桥改造及桥梁新改建	座	8660			
⑧自然村通硬化路	建成里程	公里	—			
	新增通畅自然村个数	个				
⑨"油返砂"公路改造	建成里程	公里	—			
⑩全社会建设的其他农村公路	建成里程	公里	—			

交通扶贫建设信息表(县乡客运站) 　　　表6-4

指　　标		单　位	"十三五"规划目标	合　计	累计完成数量	完成率
合计	完成投资	万元	—			
	建成投入运营个数	个	—			
县城客运站	完成投资	万元	—			
	建成投入运营个数	个	150			
乡镇客运综合服务站	完成投资	万元	—			
	建成投入运营个数	个	1100			

交通扶贫规划有关目标和量化指标跟踪表

表 6-5

一、指标类目标

	指标	单位	"十三五"规划目标	年底进展	责任司局和处室	时间计划安排	拟采取的措施
①	县城通二级及以上公路比例	%	98				
②	乡镇通硬化路比例	%	100				
③	建制村通硬化路比例	%	100				
④	乡镇通客车率	%	100				
⑤	建制村通客车率	%	100				
⑥	县城建有二级及以上客运站比例	%	80				
⑦	具有农村客运始发班线的乡镇建有客运站比例	%	100				

二、建设类目标

	指标		单位	"十三五"规划数量	年底进展	进展比例	责任司局和处室	备注
① 国家高速公路	建设完工里程		公里	16000				
	在建里程		公里					
② 普通国道	建设完工里程		公里	46000				
	在建里程		公里					
③ 乡镇通硬化路	建成里程		公里	8630				
	新增通畅乡镇个数		个	246				
④ 建制村通硬化路	建成里程		公里	186000				
	新增通畅建制村个数		个	24500				
⑤ 撤并建制村、云南"直过民族"地区自然村通硬化路	建成里程		公里	108000				
	其中:撤并村建成里程		公里	83000				
	其中:"直过民族"地区自然村里程		公里	25000				

续上表

二、建设类目标

指标		单位	"十三五"规划数量	年底进展	进展比例	责任司局和处室	备注
⑤撤并建制村、云南"直过民族"地区自然村通硬化路	新增通畅撤并建制村及自然村个数	个	30049				
	其中:撤并建制村个数	个	21000				
	其中:"直过民族"地区自然村个数	个	9049				
⑥窄路基路面公路加宽改造	建成里程	公里	139000				
⑦农村旅游路资源路和产业路	建成里程	公里	31600				
⑧安全生命防护工程	所有农村公路安全生命防护工程	公里	300000				
	其中:村道上的安全生命防护工程	公里	109000				
⑨危桥改造及村道桥梁新改建	所有农村公路危桥改造及桥梁新改建	座	15000				
	其中:村道上的危桥改造及桥梁新改建	座	8660				
⑩县城客运站	建成投入运营个数	个	150				
⑪乡镇运输综合服务站	建成投入运营个数	个	1100				
⑫新增及改善航道里程		公里	2600				
⑬新增泊位个数		个	80				

跟踪结果不仅支撑了目标任务进展情况的精准掌握，还为交通运输部对各省份开展年度交通扶贫考核、评比、表彰，下一年度扶贫目标任务确定以及扶贫规划调整奠定了基础。

6.4 交通扶贫项目跟踪监测与督导核查

6.4.1 技术手段

从2017年开始，项目组在交通运输部统一组织下，综合采用各种手段和方式，开展了针对扶贫项目的跟踪监测与督导核查。

"内业核查"主要是应用交通固定资产投资规划、计划、统计协同技术，对中央投资重点项目和农村公路项目进行核查。具体包括：

（1）重点项目核查

对在建的重点项目进行了核查，核对项目电子地图的线形与实际位置的匹配情况、项目进展情况，初步筛选存疑项目，作为实地核查的重点。利用升级后的交通固定资产投资计划系统，按季度对已下达计划的中央投资项目逐个项目进行监测与预警。该系统能够实现计划与统计数据的自动匹配，自动、批量计算项目建设进展和计划进度，为项目的跟踪、监测与预警提供了便捷的技术手段。同时，利用基于遥感影像的线形识别、路面宽度识别和路面类型识别技术，计算机自动核查为主、人工确认为辅，对疑似问题数据进行基于遥感影像的进一步判断。

（2）农村公路项目核查

基于各省份上报的电子地图数据和备案项目数据，应用数据比对技术，基于遥感影像的线形识别、路面宽度识别和路面类型识别等技术，对各省份农村公路建设的备案项目进行核查，主要核查项目的真实性及更新情况等。

"实地核查与督导"主要是按照《交通扶贫项目和资金监督管理办法》的要求，赴项目所在地进行检查。实地核查项目以内业核查的存疑项目为重点，同时抽查部分正常项目。

6.4.2 组织方式

2017年的实地核查以部级核查为主，实地核查选取的项目以内业核查发现的疑似问题项目为主，同时按"两随机"原则随机抽查正常项目。核查组赴东、中、西部典型省(区、市),针对已下达中央投资交通建设项目计划执行情况、地方配套资金落实、中央投资项目建设情况等情况进行核查。核查组通过听取汇报、查阅资料、实地查看等形式对投资计划执行、项目建设进展、配套资金落实及存在问题等情况进行了解。

2018年的督导核查扩展到部省两级,采取地方自查、省际互查、部级核查、实地抽查等方式,兼顾扶贫和中央资金管理使用。一是各省(区、市)开展自查,按季度形成自查报告报交通运输部。二是开展2018年中央投资交通扶贫项目核查,对2017—2018年已下达计划的1589个中央投资交通扶贫项目的电子地图基础数据基于遥感影像数据进行了核查,并对部分省(区、市)进行了现场调研抽查。三是开展了2018年"四好农村路"建设及交通扶贫督导考评,采取省际交叉互评的方式对57个贫困县进行督导,实地查看了114个乡镇农村公路管理机构运行情况,现场检查了121条农村公路建设情况。四是按季度监测交通扶贫11项建设任务进展,按月跟踪年度重点目标任务指标进展情况。

2019年,在继续开展内业跟踪监测的基础上,针对年度交通扶贫重难点和热点工作,开展了农村公路"畅返不畅"和"进村入户"两项专题督导核查与调研。农村公路"畅返不畅"专题督导针对部分乡镇和建制村通硬化路"畅返不畅"任务重或目前进展相对滞后的省份进行实地调研督导,有效推进了乡镇和建制村通硬化路"畅返不畅"整治工作。农村公路"进村入户"专题督导核查与调研是为了落实习近平总书记关于"交通建设项目要尽量向进村入户倾斜"的重要指示精神,响应广大农民群众的期盼与需求而开展的调研与督导,通过调研与督导,摸清全国已开展农村公路"进村入户"建设基本情况,了解各地发展需求同时指导督促地方工作开展。农村公路"进村入户"专题督导核查与调研支撑了《交通运输部关于贯彻落实习近平总书记重要指示精神做好交通建设项目更多向进村入户倾斜的指导意见》的起草,该项指导意见已于2019年9月公开发布,为行业开展农村公路"进村入户"建设提供了政策依据。

6.5 交通扶贫政策与绩效评估

应用评估方法和指标体系,开展了"溜索改桥"评估、乡镇和建制村通硬化路、通客车核查与评估等重大事项评估,2017—2019年的年度交通扶贫绩效评估,以及交通扶贫总结评估(2012—2020年)。通过政策跟踪评估,总结经验、剖析问题、提出建议,为政策优化调整提供依据。

6.5.1 全国"溜索改桥"政策实施效果评估

6.5.1.1 总体情况

综合应用定量评估、定性分析、现场取证、问卷调查、舆情跟踪等多种评估方法,对《"溜索改桥"建设规划(2013—2015年)》的政策执行情况、交通影响评估、经济社会影响评估等进行评估。综合评判"溜索改桥"政策是否符合科学性、针对性、实效性和廉洁性等要求,总结"溜索改桥"政策实施过程中的得失,提出切实可行的建议。评估工作取得了良好效果,评估成果已上报国务院,为其他行业重大政策评估提供了借鉴。

6.5.1.2 主要评估过程与方法

(1)开展"解剖麻雀"式调研,深入了解"溜索改桥"实施情况和实际影响

在"溜索改桥"数量最多的云南省,选择昭通市永善县、大关县等地区开展实地调研,查看已建成的翠华镇田元村小河沟桥,以及在建的横跨金沙江两岸的月亮湾大桥;听取田元村村长对"溜索改桥"的评价及桥梁建成后对当地经济、社会、产业及百姓出行的影响;实地了解月亮湾大桥推进过程中存在的问题及采取的措施;组织省、市、县三级交通运输主管部门及市、县两级政府部门领导和部分企业进行调研座谈,系统了解"溜索改桥"的推进情况及产生的经济社会影响。

(2)建立动态反馈机制,真实反映"溜索改桥"建设进展及实效

建立覆盖四川、云南、陕西、贵州、新疆、甘肃、青海等7省(区)动态反馈机制,全面了解各省(区)"溜索改桥"规划调整情况及相关原因,全面掌握各省(区)项目最新推进情况及存在的主要问题,全面了解项目建设成效及区域影响,形成从规划到执行的闭环对标。

(3)设计调查问卷,全面了解"溜索改桥"地区的经济社会影响

围绕改善出行条件、提升安全水平、支撑产业发展、促进增收致富、增加居民就业、提高生活质量等内容设计调查问卷,下发至"溜索改桥"连通的行政村填报。填报范围覆盖四川、云南、陕西、贵州、新疆、甘肃、青海等7省(区)的309个行政村。回收调查问卷289份,其中有效问卷267份,有效率占比为92.4%。对调查问卷的49项指标数据进行详细分析,全面了解基层受益地区的经济变化和社会影响。

(4) 收集实景图片,对比反映"溜索改桥"前后的巨大变化,增强感性认识

收集每座"溜索改桥"的正位、侧位、全景(涵盖周边环境)现状照片,每座桥照片数量不少于 3 张,条件具备的收集改桥前溜索照片,对比体现项目实施前后变化情况,以"视觉印象"提高对项目的感性认识(图 6-5)。

图 6-5 怒江"溜索改桥"工程施工前后对比图

(5) 进行舆情跟踪,客观了解"溜索改桥"工程的民情、民意

通过网络搜索和热点分析,全面了解新闻媒体对"溜索改桥"政策的相关报道,摸民情、听民意。统计结果显示,120 家媒体进行了"溜索改桥"的相关报道。其中,百度搜索结果 1.2 万条,相关新闻报道 260 篇;360 搜索结果 1.9 万条,相关新闻报道 230 篇;搜狗搜索结果 1 万条,相关新闻报道 231 篇。报道结果显示,"溜索改桥"工程受到社会广泛关注,在促进增收致富、支撑产业发展、促进居民就业、加强地域交流、提升医疗和教育便利等方面产生重要影响。

6.5.2 乡镇和建制村通硬化路、通客车核查与评估

6.5.2.1 总体情况

为贯彻落实党中央关于打赢脱贫攻坚战的决策部署,按时保质完成具体条件的乡镇和建制村通硬化路、通客车任务,交通运输部于 2019 年组织开展了全国乡镇和建制村通硬化路、通客车基础数据核实和确认评估工作。

6.5.2.2 核查方案

(1) 职责分工

为高效、高质量完成此项工作,采取了"部省市县四级联动"的组织模式,各司其职,共同推进任务完成。

交通运输部的任务和职责:负责整理、下发分省份的初始名录库和民政部名

录库。负责审核各省份上报的摸底资料,汇总形成名录库和台账。

省级交通运输主管部门的任务和职责:负责组织市、县级交通运输主管部门完成本单位乡镇、建制村通硬化路、通客车摸底工作。负责向市级交通运输主管部门下发分市的初始名录库和民政部名录库。负责汇总、审核各市上报的摸底资料,建立省级名录库和台账,报同级政府同意后,按规定的内容、时间、方式报交通运输部。

市级交通运输主管部门的任务和职责:负责组织县级交通运输主管部门完成本单位乡镇、建制村通硬化路、通客车摸底工作。负责向县级交通运输主管部门下发分县的初始名录库和民政部名录库。负责汇总、审核各县上报的摸底资料,建立市级名录库和台账,报同级政府同意后,按规定的内容、时间、方式报省级交通运输主管部门。

县级交通运输主管部门的任务和职责:基于下发的初始名录库和民政部名录库,会同同级民政部门核定辖区内的名录库。负责完成辖区内乡镇、建制村的"三明确"工作,建立台账。负责将核定后的名录库和台账报同级政府同意,并按规定的内容、时间、方式报市级交通运输主管部门。

(2)工作阶段

工作布置阶段(2019年4月12日—4月16日):交通运输部印发工作通知及工作方案,分省份下发乡镇和建制村初始名录库和民政部乡镇和建制村名录库。

省级摸底阶段(2019年4月17日—5月10日):省级交通运输主管部门按照各级的任务和职责,组织完成本单位乡镇、建制村通硬化路、通客车摸底工作。

部省核定阶段(2019年5月5日—5月17日):交通运输部开放"全国农村公路基础数据与电子地图审核系统",启动摸底资料上报工作。省级交通运输主管部门通过系统将名录库上报至部,完成名录库格式和逻辑审核。交通运输部组织各省份来京逐一对接,完成名录库审核、认定工作。

公示阶段(2019年5月17日—5月31日):基于本次摸底工作,省级交通运输主管部门组织所有县级交通运输主管部门通过政府网站、报纸、广播电视等媒体,公示全省所有不具备条件通硬化路、通客车的乡镇、建制村名录和已通硬化路、客车的乡镇、建制村名录,并将公示情况、公示内容,正式行文报交通运输部。

(3)技术手段

基于已有的农村公路基础数据和电子地图、遥感影像数据,开发了专门的核查系统,对各省份上报的数据进行严密的逻辑性审核和合理性审核,确保数据质量。

6.5.2.3 评估机制

针对核查和评估结果,应用了多部门分级确认机制。在社会公示基础上,县级交通运输主管部门与县级民政部门联合核实,将核实、评估结果报县级政府确认;市级交通运输主管部门与市级民政部门联合核实,将结果报市级政府确认;省级交通运输主管部门与省级民政部门联合核实,将结果报省级政府确认;最终由省级政府部门将结果报交通运输部,完成确认过程,在社会中引起了很好的反响。

6.5.3 年度交通扶贫绩效评估

项目采用定量评估和定性分析相结合的方法,应用交通扶贫绩效评估指标体系,2017—2019年对本年开展的交通扶贫相关工作、政策执行情况以及取得成效、存在问题进行综合评估,并从投资政策、帮扶措施、项目安排等方面提出进一步完善交通扶贫工作、提高交通扶贫绩效的意见与建议,为年度交通扶贫工作开展提供了决策依据。

6.5.3.1 评估思路

(1)评估定位

年度交通扶贫绩效评估的定位是对本年开展的工作、主要政策执行情况以及主要取得成效、存在问题的综合性评估。

(2)评估原则

一是以效果和效益评估为主,以工作评估为辅。年度交通扶贫绩效评估应简洁、明确,以分析交通扶贫的效果和效益为主,对开展的工作、政策执行情况进行简单评估,不宜过繁。

二是以直接效益评估为主,以间接效益评估为辅。由于扶贫工作面向贫困地区经济社会发展的各方面,众多行业都参与其中,因此交通在扶贫中取得的成效应尽量体现行业特色,以交通发展直接产生的效益为主进行评估,对间接产生的效益进行适当总结。

三是以定量评估为主,以定性评估为辅。尽量选取可以量化、能获取权威数据的评价指标进行定量评估,部分不宜量化的领域可以进行定性评价。

四是客观、真实。对交通在扶贫方面开展的工作、政策的执行效果、在脱贫攻坚中发挥的作用进行客观、真实的评估,既不低估行业发挥的作用,也不夸大。

(3)评估重点

交通扶贫绩效年度评估研究的重点是交通扶贫综合评估,包括政策总结、影响评估等,通过评估总结成绩与经验,发现问题与短板,提出措施与建议。

6.5.3.2 评估框架

按照评估的原则和重点,研究确定了评估的框架和主要内容。

(1)交通扶贫政策措施制定及实施情况

梳理交通运输部及典型省份交通运输行业扶贫领域开展的主要工作,制定、实施的重要交通扶贫相关政策、措施,并总结政策、措施的总体推进情况。

(2)交通扶贫的成绩与效果

围绕习近平总书记指示中提到的带来人气、财气和凝聚民心三方面,对交通扶贫的实绩和效果、效益进行评估。其中,"带来人气"主要是交通的发展促进了与外界的沟通联系和经济往来;"带来财气"主要是交通的发展提高了贫困地区的脱贫致富能力;"凝聚民心"主要是交通的发展增强了群众获得感、幸福感和安全感。

(3)专项扶贫情况

分年总结评价交通运输部在定点扶贫、对口支援、联系六盘山片区等方面的年度重点工作、政策效果。

(4)结论与建议

综合以上三方面的情况,对年度交通扶贫工作进行概况性总结与评价,并从投资政策、帮扶措施、项目安排等方面提出进一步完善交通扶贫工作、提高交通扶贫绩效的意见与建议。

6.5.3.3 主要评估指标、数据来源及测算方法

1)数据基础情况

(1)行业统计数据

交通运输部建立了比较完善的统计报表制度,包括综合统计报表制度以及各专项统计报表制度[如《交通固定资产投资统计报表制度》《城市(县城)客运统计报表制度》《公路养护统计报表制度》等],交通扶贫统计报表制度是专项统计报

表制度之一。

根据《"十三五"交通扶贫规划》,贫困地区包括集中连片特困地区(简称 14 个片区,不含新疆生产建设兵团)、国家扶贫开发工作重点县、革命老区县、少数民族县和边境县。按县进行统计可获得贫困地区的统计数据,因此对综合统计报表制度和部分专项统计报表制度按扶贫统计的要求进行了调整,满足了交通运输扶贫统计的大部分需求。此类数据主要包括交通扶贫投资、贫困地区的交通基础设施建设情况(规模、结构等)、贫困地区的客货运输情况(运输工具、通客车情况等)、贫困地区公路的通达通畅情况等。为了进一步满足交通扶贫统计需求,专门建立了《交通运输扶贫统计调查制度》,主要包括:高速公路和国省道计划、投资完成情况,农村公路计划、投资完成情况,县乡客运场站计划、投资完成情况,农村公路资金到位情况,水运建设计划、投资完成情况,农村客运通达情况。其报表目录如表 6-6 所示。

《交通运输扶贫统计调查制度》报表目录　　　　　表 6-6

表　号	表　名	报告期别	统计范围	报送单位	报送日期及方式
交扶贫统 1 表	高速公路和国省道计划、投资完成情况	月报年快报	《"十三五"交通扶贫规划》范围内 1177 个县(市、区)及 99 个团场	河北、山西、内蒙古、辽宁、吉林、黑龙江、浙江、安徽、福建、江西、河南、湖北、湖南、广东、广西、海南、重庆、四川、贵州、云南、西藏、陕西、甘肃、青海、宁夏、新疆、新疆生产建设兵团交通运输厅(局)	1—11 月月报月后 1 日报送;年快报 12 月 15 日报送;12 月月报次年 1 月 15 日报送;以电子邮件报送
交扶贫统 2 表	农村公路计划、投资完成情况				
交扶贫统 3 表	县乡客运场站计划、投资完成情况				
交扶贫统 4 表	农村公路资金到位情况				
交扶贫统 5 表	水运建设计划、投资完成情况				
交扶贫统 6 表	农村客运通达情况				

另外,交通运输部开发应用了计划管理系统,对中央资金计划安排进行管理,存储了与计划安排相关的基础数据,可作为评估的数据来源。

(2)全社会统计数据

交通运输行业的扶贫统计数据需求可从已有的统计报表中获得,但交通扶贫绩效评价包含间接效益评价,行业自身的统计体系无法提供数据。此类数据主要来源于国家统计局开展的年度全国农村贫困监测调查,调查结果于次年的 5 月及时印送各部委(单位),并在《中国扶贫开发统计年鉴》中对外发布。其数据的口径包括四类:全国农村、贫困地区(含集中连片特困地区和片区外的国家扶贫开发工作重点县)、连片特困地区、扶贫开发工作重点县。与本项目对应的主要是贫困地区。

其统计指标主要包括:

①贫困地区农村贫困人口变化情况:贫困人口数量、贫困发生率。

②贫困地区农村居民收入消费结构:人均可支配收入(工资性收入、经营净收入、财产净收入、转移净收入)、人均消费支出(食品烟酒、衣着、居住、生活用品及服务、交通通信、教育文化娱乐、医疗保健、其他用品及服务)。

③贫困地区农村住户住房及家庭设施状况。

④贫困地区农村住户耐用消费品拥有量(汽车、洗衣机、电冰箱、移动电话、计算机)。

⑤贫困地区农村基础设施和公共服务状况(所在自然村通公路的农户比重、所在自然村通电话的农户比重、所在自然村能接收有线电视信号的农户比重、所在自然村进村主干道路硬化的农户比重、所在自然村能便利乘坐公共汽车的农户比重、所在自然村通宽带的农户比重、所在自然村垃圾能集中处理的农户比重、所在自然村有卫生站的农户比重、所在自然村上幼儿园便利的农户比重、所在自然村上小学便利的农户比重)。

2) 主要评估指标及数据来源

根据评估的重点和原则,参考可用的统计数据,对评估时采用的主要指标进行了筛选。同时,效益评估中增加了部分必要的测算指标以及其他来源指标。具体如表 6-7 所示。

评估主要指标及数据来源 表 6-7

领域	指标	来源
投资	投资完成额	行业统计
	车购税安排额	计划管理系统
基础设施建设	公路总里程	行业统计
	公路技术等级构成	行业统计
	农村公路总里程	行业统计
	农村公路技术等级构成	行业统计
	农村公路路面类型构成	行业统计

续上表

领　域	指　标	来　源
通达率通畅率	乡镇通达率、通畅率	行业统计
	建制村通达率、通畅率	行业统计
客货运	建制村通客车率	行业统计
	自然村能便利乘坐公共汽车的农户比重	农村贫困监测调查
	每百户汽车拥有量	农村贫困监测调查
	交通通信人均消费支出	农村贫困监测调查
	快递网点乡镇覆盖率	邮政年度总结报告
投资效益	中央资金的交通投资直接拉动效应	测算指标
	中央资金的交通投资广义拉动效应	测算指标
	交通投资对国内生产总值(GDP)的拉动	测算指标
	交通投资对就业岗位的拉动	测算指标
脱贫效果	农村居民人均可支配收入	农村贫困监测调查
	农村居民人均可支配收入名义增长	农村贫困监测调查
	农村居民人均消费支出	农村贫困监测调查
	农村居民人均消费支出增速	农村贫困监测调查
	恩格尔系数	农村贫困监测调查
	典型耐用消费品每百户拥有量	农村贫困监测调查
	贫困人口	农村贫困监测调查
	贫困发生率	农村贫困监测调查

附录1 交通扶贫项目和资金监督管理办法

第一章 总 则

第一条 为贯彻落实党中央、国务院关于打赢脱贫攻坚战的决策部署,进一步加强和规范中央投资交通扶贫项目和资金监督管理,根据《政府投资条例》(国务院令第712号)、《交通运输(公路水路)基本建设中央投资管理办法(试行)》(交规划发〔2016〕62号)和《车辆购置税收入补助地方资金管理暂行办法》(财建〔2014〕654号)等有关规定,制定本办法。

第二条 本办法适用于交通扶贫规划范围内使用车购税、港建费等中央投资资金的公路水路交通建设项目(以下简称交通扶贫项目)。

第三条 交通扶贫项目和资金监督管理应分工明确、各负其责,保障交通扶贫项目有序实施和交通扶贫资金安全有效运行。

第二章 职责分工

第四条 交通运输部对全国交通扶贫项目和中央投资计划进行监督管理,组织有关地方交通运输主管部门对交通扶贫项目进行监督检查,对存在问题的项目和中央投资计划执行不力的省(区、市)进行督导。

第五条 地方各级交通运输主管部门按照职责和隶属关系加强本行政区域内交通扶贫项目和资金的监督管理。省级交通运输主管部门具体负责本省(区、市)交通扶贫项目和资金的监督、检查、督导、问责。市、县两级交通运输主管部门按照职责和有关要求,履行本行政区域内交通扶贫项目和资金的日常监管职责。

第三章 中央资金管理

第六条 交通扶贫项目按国家基本建设的相关规定,取得相关部门对前期工作的批复文件后方可申请中央投资。

地方各级交通运输主管部门在编报年度投资建议计划时,应对申报项目严格审核把关,确保项目相关申请资料真实有效、资金需求合理。

第七条 交通运输部及时将财政部预算批复情况通知省级交通运输主管部门,并下达年度投资计划。省级交通运输主管部门收到计划文件后,应按规定转发下达。地方各级交通运输主管部门应及时告知项目单位中央投资资金到位情况。

第八条 地方各级交通运输主管部门要严格执行年度投资计划,不得截留、挤占中央投资或挪作他用。地方各级交通运输主管部门发现中央投资被截留、挤占或挪用,应及时向同级人民政府和上级交通运输主管部门报告。项目单位发现中央投资被截留、挤占或挪用,应及时向有权处理单位报告。

纳入贫困县统筹整合财政涉农资金范围的车购税用于农村公路建设资金应按相关规定执行。要严格按规定层级、范围和程序进行资金整合,不得以资金整合名义违规挪用资金。省级交通运输主管部门应加强指导,贫困县交通运输主管部门要按脱贫攻坚要求积极落实交通扶贫项目。

第九条 因项目建设条件或进度发生变化等原因需对已下达的中央投资进行调整时,应按有关计划和资金管理规定及时履行调整和备案程序。

第四章 项目监督管理

第十条 各级交通运输主管部门要做到日常监管与监督检查相结合。

第十一条 日常监管是交通扶贫项目和资金监管的基础。地方各级交通运输主管部门应按职责明确每个项目的日常监管直接责任单位及监管责任人。日常监管直接责任单位原则上为对项目单位负直接管理责任的交通运输主管部门。监管责任人由日常监管直接责任单位确定,对于交通运输重点项目原则上应为日常监管直接责任单位相关负责人。

第十二条 日常监管直接责任单位应建立监管台账,针对建设手续、资金拨付、资金使用、建设进度、信息上报等方面开展定期或不定期检查,对发现的问题组织核查,提出整改意见,督促整改;发现重大问题,及时向上级交通运输主管部门报告。

第十三条 项目日常监管责任人应及时掌握项目建设、资金拨付及使用等情况,对项目单位发挥有效督促作用,发现问题及时向日常监管直接责任单位报告。日常监管责任人应到项目现场了解建设情况,对投资多、规模大的项目,适当增加到现场频次,对建设地点比较分散的项目,可根据实际情况到现场抽查。

第十四条 省级交通运输主管部门应加强组织,创新手段,综合利用内业数据检查、遥感影像核查、实地检查等各种方式方法,认真履行本省(区、市)交通扶贫项目和资金监督管理职责,并指导市、县交通运输主管部门开展日常监管工作。

第十五条 交通运输部通过统计数据、督查抽查等方式对交通扶贫项目进行监督管理。对督查抽查中发现的问题,及时形成整改意见并下发各省(区、市)。相关省(区、市)交通运输主管部门应督促责任单位落实整改,并限期报送整改情况。

第十六条 各级交通运输主管部门应加强扶贫项目统计工作,按统计报表要求及时、全面报送统计数据,重视统计数据审核,确保数据质量。

第五章 信息公开

第十七条 年度投资计划下达后,各级交通运输主管部门应对本级项目和资金安排情况按有关规定进行公开。项目日常监管直接责任单位应对项目相关信息及时予以公开。

第十八条 交通运输部及省、市、县级交通运输主管部门可在行业门户网站上进行公开。项目单位可在乡镇政府、村委会或项目实施地等地利用信息公开栏等进行公告公示。

第十九条 畅通举报渠道,公告公示单位对群众反映的问题要认真对待、及时受理,限时反馈调查结果和处理意见。

第六章 处理措施

第二十条 中央投资资金申请和使用、项目实施、监督管理中发生违规问题的,按照有关规定追究责任单位和责任人的责任,涉嫌违法犯罪的,按有关规定移送监察机关、司法机关处理。各级交通运输主管部门根据具体情况,依法依规暂停、停止下达或收回已下达的中央投资资金。

第七章 附 则

第二十一条 各省级交通运输主管部门可参照本办法,制定本地区的实施办法。

第二十二条 本办法由交通运输部综合规划司负责解释。

第二十三条 本办法自 2019 年 10 月 1 日起施行。

附录2　交通运输部关于贯彻落实习近平总书记重要指示精神做好交通建设项目更多向进村入户倾斜的指导意见

为深入贯彻落实习近平总书记关于"交通建设项目要尽量向进村入户倾斜"重要指示精神,着力改善广大农村地区基础设施条件,加快补齐交通发展短板,惠及更多农民群众,现提出以下意见。

一、总体要求

以习近平新时代中国特色社会主义思想为指导,全面贯彻党的十九大以及十九届二中、三中全会精神,坚持以人民为中心的发展理念,聚焦民生、精准发力,加强政策引导、资金支持,因地制宜、稳步有序推进通自然村(组)公路建设,进一步提升广大农民群众的获得感、幸福感、安全感,为打赢脱贫攻坚战、服务乡村振兴战略提供坚实保障。

政府引导,群众参与。落实地方政府责任,加大财政投入和政策支持力度;充分尊重群众意愿,调动群众积极性,让农民群众更多地参与通自然村(组)路建设、管理与养护。

因地制宜,分类实施。立足经济社会发展实际,考虑区域差异和特征,结合村镇发展规划,针对村庄(组)的发展定位、区位条件、资源禀赋等特征,因地制宜、合理确定通自然村(组)路建设目标和建设标准,不搞"一刀切"。

部门协同,有序推进。"交通建设项目尽量向进村入户倾斜"是民心所向、民意所归,各地交通运输主管部门应科学规划,处理好当前与长远的关系,精准发力、分步实施,有序开展通自然村(组)路建设。同时,积极配合有关部门,协同推进村内街巷道路建设。

二、主要目标

坚决贯彻落实习近平总书记"交通建设项目尽量向进村入户倾斜"的重要指示精神,在完成全国具备条件的建制村通硬化路任务的基础上,巩固提升建设成果,集中推进撤并建制村等人口较大规模自然村(组)、抵边自然村等自然村(组)通硬化路。到2035年,基本实现人口规模较大且常住人口较多的自然村(组)通硬化路,有条件的地区可以根据发展需求和实际条件适当提前完成,自然村(组)交通条件显著改善,人民群众出行满意度显著提升。

三、重点任务

(一)统筹需求科学规划,有序推进相关工作。各地交通运输主管部门应在各级人民政府的领导和支持下掌握自然村(组)分布情况和通自然村(组)路建设需求,根据脱贫攻坚和乡村振兴战略部署,结合农业农村产业布局、农村人居环境整治和村镇发展规划等相关要求,合理确定本地区建设目标,制定建设规划和实施方案,细化分步实施计划,实施精准管理,有序推进建设。

(二)因地制宜确定标准,规范实施工程建设。根据自然村(组)当前及长远发展需求,按照《公路工程技术标准》(JTG B01—2014)和《小交通量农村公路工程技术标准》(JTG 2111—2019)相关规定,合理确定建设标准。通自然村(组)硬化路路面一般为沥青或水泥路面,对于建养条件困难、高寒高海拔、环境敏感等地区,可采用石质、砖铺、砂石等路面。

(三)完善管养机制,持续推进"四好农村路"。各地交通运输主管部门应建立健全科学有效的通自然村(组)路管理养护机制,根据《农村公路养护技术规范》(JTG/T 5190—2019)的相关要求,逐步建立专群结合的养护运行机制,并发挥好乡镇和村民委员会的作用,将日常养护与人居环境整治、美丽乡村结合起来,营造良好的通行条件和路域环境。推进农村客货运输服务向自然村(组)延伸,促进农村物流和快递业发展,确保交通运输安全,不断满足农业农村生产发展和生活水平提升的需要。

（四）加强部门协同，配合推进村内街巷等道路建设。加强与农业农村、发改、财政、自然资源、生态环境、住建和扶贫办等部门协同联动，在落实乡村振兴战略、农村人居环境整治、贫困村提升工程等工作中，配合相关牵头部门推进村内街巷路建设。

四、保障措施

（一）提高政治站位，统一思想认识。增强"四个意识"、坚定"四个自信"、做到"两个维护"，坚决贯彻落实习近平总书记关于"交通建设项目要尽量向进村入户倾斜"重要指示精神，充分认识进村入户道路建设工作的重要意义，将此项工作作为服务脱贫攻坚和乡村振兴战略重要行动，高度重视、统一思想、认真落实。

（二）强化组织领导，发挥群众主体作用。各地交通运输主管部门应加强组织领导、明确职责，形成上下联动、密切配合、齐抓共管的工作局面。省级交通运输主管部门应做好全省通自然村（组）路建设的组织领导和政策保障工作。市、县级交通运输主管部门应承担实施责任，坚持以人民为中心的发展理念，充分发挥农民群众主体作用，吸收其参与通自然村（组）路建设、管理、养护、运营，并从中获得收益，切实增强农民群众获得感。

（三）拓展投融资渠道，强化资金保障。创新通自然村（组）路建设投融资模式，用好涉农资金整合使用政策，拓宽资金渠道。统筹用好地方各级财政资金、一般债券、乡村集体经济收入等各类资金。采取社会捐助、群众筹集等方式多元化筹集资金，支持通自然村（组）路建设。争取金融机构依法依规加大金融倾斜支持力度，鼓励与产业、园区、乡村旅游等经营性项目一体化开发建设。中央车购税资金将采取投资补助和"以奖代补"形式倾斜支持通自然村（组）路建设。

（四）强化督促指导，确保质量安全。坚持专业监督和群众监督有机结合，真督实查、跟踪问效。严格执行农村公路建设质量、安全监管相关法规规定，落实农村公路建设"七公开"制度，落实安全设施"三同时"制度，强化通自然村（组）路建设质量安全保障工作，确保建成人民群众满意的民生工程、民心工程。

附录 3　交通运输扶贫统计调查制度

中华人民共和国交通运输部制定
国家统计局批准

2019 年 5 月

本调查制度根据《中华人民共和国统计法》的有关规定制定

《中华人民共和国统计法》第七条规定：国家机关、企业事业单位和其他组织以及个体工商户和个人等统计调查对象，必须依照本法和国家有关规定，真实、准确、完整、及时地提供统计调查所需的资料，不得提供不真实或者不完整的统计资料，不得迟报、拒报统计资料。

《中华人民共和国统计法》第九条规定：统计机构和统计人员对在统计工作中知悉的国家秘密、商业秘密和个人信息，应当予以保密。

《中华人民共和国统计法》第二十五条规定：统计调查中获得的能够识别或者推断单个统计调查对象身份的资料，任何单位和个人不得对外提供、泄露，不得用于统计以外的目的。

一、总 说 明

(一)调查目的

为了解全国交通扶贫工作进展情况,满足各级政府及交通运输部门制定扶贫政策和跟踪相关规划的需要,依据《中华人民共和国统计法》有关规定,特制定本统计调查制度。

(二)调查对象和统计范围

本调查制度的统计范围为《"十三五"交通扶贫规划》范围内1177个县(市、区)及99个团场。

(三)调查内容

本调查制度的统计内容主要包括交通扶贫地区的高速公路、普通国省道、农村公路、县乡客运场站、水运建设项目的计划和投资完成情况,农村公路的资金到位情况及农村客运通达情况。

(四)调查频率和时间

本调查制度为月报及年快报。

(五)调查方法

本调查制度采用的调查方法为全面调查。

(六)组织实施

交扶贫统1表至5表由交通运输部综合规划司统一组织,分级实施,由各级交通运输部门负责数据的审核和上报;交扶贫统6表由交通运输部运输服务司统一组织,分级实施,由各级交通运输部门负责数据的审核和上报。

(七)报送要求

1.交扶贫统1表至6表均为汇总表,由贫困县所在省级交通运输主管部门填报,汇总辖区内的全部交通扶贫项目统计资料,涉及"三区三州"省份,单独报送辖区内"三区三州"范围贫困县汇总数据,涉及六盘山片区省份,单独报送辖区内六盘山片区范围贫困县汇总数据,涉及部定点扶贫县(黑水县、小金县、壤塘县、色达县),对口支援县(安远县)省份,按县填报。投资完成额、到位资金、新增生产能力做好与《交通固定资产投资统计调查制度》相应报告期统计数据的衔接。

2. 当投资项目建设地址穿跨2个及以上贫困县,或者穿跨贫困县与非贫困县时,须将贫困县域内的投资情况按县拆分汇总。

3. 农村公路完工里程,需满足《公路工程技术标准》(JTG B01—2014)或《小交通量农村公路工程技术标准》(JTG 2111—2019)相关要求,否则不能纳入统计范围。

4. 本调查制度金额指标以人民币万元为单位,一律取整数。

5. 上报统计资料须标明单位负责人、统计负责人、填表人、联系电话、报出日期。

(八)质量控制

1. 各省、自治区、直辖市、新疆生产建设兵团交通运输厅(局、委)须按照本制度规定的指标含义、计算方法、范围口径和填报要求,认真组织实施,按时报送资料。

2. 各省、自治区、直辖市、新疆生产建设兵团交通运输厅(局、委)须留存分县统计数据备查。

(九)统计资料公布

本调查制度中的年度汇总数据以行业统计资料形式对外公布。

(十)统计信息共享

本调查制度中的数据经公布后可以共享。交扶贫统1表至5表共享责任单位综合规划司,共享责任人综合规划司主管统计工作负责人;交扶贫统6表共享责任单位运输服务司,共享责任人运输服务司主管统计工作负责人。

(十一)使用单位名录库情况

无。

二、报 表 目 录

表号	表 名	报告期别	统计范围	报送单位	报送日期及方式
交扶贫统1表	高速公路和国省道计划、投资完成情况	月报、年快报	《"十三五"交通扶贫规划》范围内1177个县（市、区）及99个团场	河北、山西、内蒙古、辽宁、吉林、黑龙江、浙江、安徽、福建、江西、河南、湖北、湖南、广东、广西、海南、重庆、四川、贵州、云南、西藏、陕西、甘肃、青海、宁夏、新疆、新疆生产建设兵团交通运输厅（局）	1—11月月报月后1日报送；年快报12月15日报送；12月月报次年1月15日报送；以电子邮件报送
交扶贫统2表	农村公路计划、投资完成情况				
交扶贫统3表	县乡客运场站计划、投资完成情况				
交扶贫统4表	农村公路资金到位情况				
交扶贫统5表	水运建设计划、投资完成情况				
交扶贫统6表	农村客运通达情况				

三、调查表式

高速公路和国省道计划、投资完成情况

表　　　号：交扶贫统1表
制定机关：交　通　运　输　部
批准机关：国　家　统　计　局
批准文号：国统制〔2019〕58号
有效期至：２０２２年９月

填报单位：　　　　　　　20　　年___月

指 标 名 称	计量单位	代　码	本年计划	本年实际
甲	乙	丙	1	2
完成投资额合计	万元	01		
国家高速公路	万元	02		
地方高速公路	万元	03		
普通国道	万元	04		
普通省道	万元	05		
完工里程合计	公里	06		
国家高速公路	公里	07		
地方高速公路	公里	08		
普通国道	公里	09		
普通省道	公里	10		

单位负责人：　　统计负责人：　　填表人：　　联系电话：　　报出日期：20　年　月　日

说明：表内逻辑关系：01行＝02行＋03行＋04行＋05行；
　　　06行＝07行＋08行＋09行＋10行。

农村公路计划、投资完成情况

表　　号：交扶贫统2表
制定机关：交通运输部
批准机关：国家统计局
批准文号：国统制〔2019〕58号
有效期至：２０２２年９月

填报单位：　　　　　　　20　　年　　　月

指 标 名 称	计量单位	代　码	本年计划	本年实际
甲	乙	丙	1	2
一、完成投资额合计	万元	01		
完工里程合计	公里	02		
二、乡镇通硬化路完工里程	公里	03		
新增通畅乡镇个数	个	04		
三、建制村通硬化路完工里程	公里	05		
新增通畅建制村个数	个	06		
四、撤并建制村通硬化路完工里程	公里	07		
新增通畅撤并建制村个数	个	08		
五、窄路基路面公路加宽改造完工里程	公里	09		
六、农村公路旅游路资源路和产业路完工里程	公里	10		
七、安全生命防护工程完工里程	公里	11		
其中：村道上的安全生命防护工程里程完工里程	公里	12		
八、危桥改造完工数量	座	13		
其中：村道上的危桥改造数量完工数量	座	14		
九、自然村通硬化路完工里程	公里	15		
新增通畅自然村个数	个	16		
十、"油返砂"公路改造完工里程	公里	17		
十一、全社会建设的其他农村公路完工里程	公里	18		

单位负责人：　　统计负责人：　　填表人：　　联系电话：　　报出日期：20　　年　　月　　日

说明：1. 等级公路以及纳入公路里程统计的等外公路，均填报完工里程。
　　　2. 表内逻辑关系：02行＝03行＋05行＋07行＋09行＋10行＋15行＋17行＋18行。

县乡客运场站计划、投资完成情况

表　　号：交扶贫统3表
制定机关：交通运输部
批准机关：国家统计局
批准文号：国统制〔2019〕58号
有效期至：２０２２年９月

填报单位：　　　　　　　　　20＿＿年＿＿月

指 标 名 称	计量单位	代　码	本年计划	本年实际
甲	乙	丙	1	2
完成投资额合计	万元	01		
县城客运站	万元	02		
乡镇客运站	万元	03		
新开工数量合计	个	04		
县城客运站	个	05		
乡镇客运站	个	06		
完工数量合计	个	07		
县城客运站	个	08		
其中：本年新开工	个	09		
乡镇客运站	个	10		
其中：本年新开工	个	11		

单位负责人：　　统计负责人：　　填表人：　　联系电话：　　报出日期：20　年　月　日

说明：表内逻辑关系：01行＝02行＋03行；
　　　　　　　　　　04行＝05行＋06行；
　　　　　　　　　　07行＝08行＋10行。

农村公路资金到位情况

表　　号：交扶贫统4表
制定机关：交通运输部
批准机关：国家统计局
批准文号：国统制〔2019〕58号
有效期至：２０２２年９月

填报单位：　　　　　　　　20　　年___月

指标名称	计量单位	代码	总计	省级投入	市级投入	县级投入
甲	乙	丙	1	2	3	4
本年资金来源合计	万元	01				
上年末结余资金	万元	02				
本年资金来源小计	万元	03				
中央预算	万元	04		—	—	—
车购税	万元	05		—	—	—
地方预算	万元	06				
其中：成品油消费税专用支付资金	万元	07				
地方政府一般债券	万元	08				
国内贷款	万元	09				
统筹整合其他行业的涉农资金	万元	10				
其他	万元	11				
其中：社会捐助	万元	12				
投工投劳	万元	13				
土地、青苗和林木折算资金	万元	14				
被整合投入其他行业基础设施建设的车购税资金	万元	15				

单位负责人：　　统计负责人：　　填表人：　　联系电话：　　报出日期:20　年　月　日

说明：表内逻辑关系:01行＝02行＋03行；
　　　　　　　　　03行＝04行＋05行＋06行＋08行＋09行＋10行＋11行；
　　　　　　　　　06行≥07行；
　　　　　　　　　11行≥12行＋13行＋14行；
　　　　　　　　　1列≥2列＋3列＋4列。

水运建设计划、投资完成情况

表　　号：交扶贫统5表
制定机关：交通运输部
批准机关：国家统计局
批准文号：国统制〔2019〕58号
有效期至：２０２２年９月

填报单位： 20＿＿年＿＿月

指标名称	计量单位	代码	本年计划	本年实际
甲	乙	丙	1	2
完成投资额合计	万元	01		
航道	万元	02		
码头泊位	万元	03		
完工数量	—	—	—	—
航道	公里	04		
码头泊位	个	05		

单位负责人： 统计负责人： 填表人： 联系电话： 报出日期：20 年 月 日
说明：表内逻辑关系：01行＝02行＋03行。

农村客运通达情况

表　　号：交扶贫统6表
制定机关：交通运输部
批准机关：国家统计局
批准文号：国统制〔2019〕58号
有效期至：２０２２年９月

填报单位：　　　　　　　　　20＿＿＿年＿＿＿月

指标名称	计量单位	代码	乡镇	建制村
甲	乙	丙	1	2
未通客车数量	个	01		

单位负责人：　　统计负责人：　　填表人：　　联系电话：　　报出日期：20　年　月　日

四、主要指标解释

高速公路和国省道计划、投资完成情况

（交扶贫统1表）

1. 本年计划：指各省（区、市）确定的年度目标任务；但对交通运输部已明确下达的目标任务，各省不得降低。

2. 本年实际：指从本年1月1日起至报告期末止累计完成的投资额或者工作量。

3. 完成投资额：实际完成投资额是以货币表示的工作量指标，包括实际完成的建筑安装工程价值，设备、工具、器具的购置费，以及实际发生的其他费用。没有用到工程实体的建筑材料、工程预付款和没有进行安装的需要安装的设备等，都不能计算投资完成额。

4. 完工里程：指在报告期内通过投资建设达到《公路工程技术标准》（JTG B01—2014）或《小交通量农村公路工程技术标准》（JTG 2111—2019）规定的计算条件和标准，实际建成投入生产或交付使用的生产能力（或工程效益）。

5. 国家高速公路：指《国家高速公路网规划》规划范围的高速公路。

6. 地方高速公路：指非《国家高速公路网规划》规划范围的高速公路。

7. 普通国道：指《国家公路网规划（2013年—2030年）》规划范围的非高速国道公路。

8. 普通省道：指各省公路网规划范围的非高速省道公路。

农村公路计划、投资完成情况

（交扶贫统 2 表）

1. 乡镇通硬化路、建制村通硬化路、撤并建制村通硬化路、窄路基路面公路加宽改造、农村公路旅游路资源路和产业路、安全生命防护工程（村道上的安全生命防护工程）、危桥改造（村道上的危桥改造）：是指交通运输部以及地方政府安排各类资金投入农村公路的计划类别。

2. 自然村通硬化路、"油返砂"公路改造：是指《关于进一步发挥交通扶贫脱贫攻坚基础支撑作用的实施意见》（发改基础〔2016〕926 号）安排资金投入农村公路的计划类别。

3. 全社会建设的其他农村公路：是指不属于以上计划类别范畴的农村公路。

4. 新增通畅乡镇、建制村、撤并建制村、自然村个数：指公路项目建成后，由未通畅、未通达提高到已通畅的乡镇、建制村、撤并建制村、自然村的个数。不包括"以前通畅，因自然灾害、失修、失养等原因未通畅，项目建成后再次通畅"的乡镇、建制村、撤并建制村数量。

县乡客运场站计划、投资完成情况

（交扶贫统3表）

1. 县城客运站：指在县城范围内投资建设的客运场站。
2. 乡镇客运站：指在乡镇政府所在地投资建设的客运场站，包括乡镇综合服务站。
3. 完工数量：指在报告期内完成投资建设的县城、乡镇客运场站数量，当期不能完工的项目免报。

农村公路资金到位情况

(交扶贫统4表)

1. 本年资金来源合计:指投资建设单位在本年内收到的可用于农村公路(含县城客运站和乡镇客运站)建造和购置的各种资金。包括上年末结余资金、本年度内拨入或借入的资金及以各种方式筹集的资金。

2. 上年末结余资金:指上年资金来源中没有形成农村公路(含县城客运站和乡镇客运站)建设投资额而结余的资金。包括尚未用到工程上的材料价值、未开始安装的需要安装设备价值及结存的现金和银行存款等。

上年末结余资金是本年固定资产投资资金来源的一部分。可根据有关财务数字填报。为反映当年资金来源与当年投资额之间的关系,上年末结余资金不能出现负数,即不能把上年应付工程、材料款作为上年末结余资金的负数来处理。

3. 本年资金来源小计:指投资建设单位在报告期收到的,用于农村公路(含县城客运站和乡镇客运站)建设投资的各种货币资金。包括:

(1)中央资金投入:分为中央预算资金、车辆购置税两部分。

(2)地方预算:指地方各级政府的财政拨款。

(3)成品油消费税专用支付资金:指财政部按比例返还各省的成品油消费税。

(4)地方政府一般债券:指地方政府根据信用原则、以承担还本付息责任为前提而筹集的债务资金。

(5)国内贷款:指投资建设单位向银行及非银行金融机构借入的用于农村公路(含县城客运站和乡镇客运站)建设投资的各种国内借款,包括银行利用自有资金及吸收的存款发放的贷款、上级主管部门拨入的国内贷款、国家专项贷款(包括煤代油贷款等)、地方财政专项资金安排的贷款、国内储备贷款、周转贷款等。

(6)统筹整合其他行业的涉农资金:是指由地方政府统筹整合非交通行业的涉农资金用于农村公路(含县城客运站和乡镇客运站)建设的部分。

(7)其他:指投资建设单位收到的除以上各类资金之外的其他用于农村公路(含县城客运站和乡镇客运站)建设投资的资金,包括外资、企事业单位自筹资金、社会集资、个人资金、无偿捐赠的资金、建设用地相关费用及其他单位拨入的资金等。

①社会捐助:指来源于社会各行各业及各界人士自愿、无偿的捐赠用于农村公路(含县城客运站和乡镇客运站)建设投资。

②投工投劳:指将农民自愿投入农村公路(含县城客运站和乡镇客运站)建设的人力和时间折算的金额。

③土地、青苗和林木折算资金:指通过划拨方式或出让方式取得土地使用权而支付的土地、青苗、林木补偿等各项费用。

(8)被整合投入其他行业基础设施建设的车购税资金:是指用于农村公路(含县城客运站和乡镇客运站)建设的车购税资金中,被地方政府统筹整合使用到其他行业的资金。

水运建设计划、投资完成情况

（交扶贫统 5 表）

1. 航道完工数量：指在报告期内通过投资建设新增及改善航道里程。
2. 码头泊位完工数量：指在报告期内通过投资建设新增的码头泊位个数。

农村客运通达情况

（交扶贫统6表）

1. 乡镇通客车：本行政区域内乡镇政府所在地开通客运车辆，包括班车、公共汽电车。其中班车包含公交化运营、定线班车、区域经营、预约响应等形式。岛屿乡镇通船视为通客车。

2. 建制村通客车：本行政区域内距离村委会、公众活动或服务场所2公里范围内设有班车、公共汽电车停靠站点，或开通区域经营、预约响应等班车，视为通客车。岛屿建制村通船视为通客车。

五、附　　录

（一）国家高速公路名称

放射线	
北京—哈尔滨（G1）	**北京—昆明（G5）**
北京—秦皇岛（G1N）	德阳—都江堰（G0511）
秦皇岛—滨州（G0111）	成都—乐山（G0512）
北京—上海（G2）	**北京—拉萨（G6）**
天津—石家庄（G0211）	张掖—汶川（G0611）
北京—台北（G3）	西宁—和田（G0612）
德州—上饶（G3W）	西宁—丽江（G0613）
北京—港澳（G4）	德令哈—马尔康（G0615）
武汉—深圳（G4E）	**北京—乌鲁木齐（G7）**
广州—澳门（G4W）	乌鲁木齐—若羌（G0711）
许昌—广州（G4W2）	
乐昌—广州（G4W3）	
纵线	
鹤岗—大连（G11）	**长春—深圳（G25）**
鹤岗—哈尔滨（G1111）	新民—鲁北（G2511）
集安—双辽（G1112）	阜新—锦州（G2512）
丹东—阜新（G1113）	淮安—徐州（G2513）
沈阳—海口（G15）	鲁北—霍林郭勒（G2515）
常熟—台州（G15W）	东营—吕梁（G2516）
常熟—嘉善（G15W2）	沙县—厦门（G2517）
宁波—东莞（G15W3）	深圳—岑溪（G2518）
日照—兰考（G1511）	**济南—广州（G35）**
宁波—金华（G1512）	菏泽—宝鸡（G3511）
温州—丽水（G1513）	**大庆—广州（G45）**
宁德—上饶（G1514）	龙南—河源（G4511）
盐城—靖江（G1515）	双辽—嫩江（G4512）
盐城—洛阳（G1516）	奈曼旗—营口（G4513）
莆田—炎陵（G1517）	赤峰—绥中（G4515）

续上表

纵线	
二连浩特—广州(G55)	**银川—百色(G69)**
集宁—阿荣旗(G5511)	安康—来凤(G6911)
晋城—新乡(G5512)	**兰州—海口(G75)**
长沙—张家界(G5513)	钦州—东兴(G7511)
张家界—南充(G5515)	**银川—昆明(G85)**
苏尼特右旗—张家口(G5516)	昆明—磨憨(G8511)
呼和浩特—北海(G59)	景洪—打洛(G8512)
包头—茂名(G65)	平凉—绵阳(G8513)
榆林—蓝田(G65E)	广安—泸州(G8515)
梧州—柳州(G6517)	
横线	
绥芬河—满洲里(G10)	乌海—银川(G1817)
哈尔滨—同江(G1011)	**青岛—银川(G20)**
建三江—黑瞎子岛(G1012)	青岛—新河(G2011)
海拉尔—张家口(G1013)	定边—武威(G2012)
铁力—科右中旗(G1015)	**青岛—兰州(G22)**
珲春—乌兰浩特(G12)	长治—延安(G2211)
延吉—长春(G12S)	**连云港—霍尔果斯(G30)**
吉林—黑河(G1211)	临潼—兴平(G30N)
沈阳—吉林(G1212)	柳园—格尔木(G3011)
北安—漠河(G1213)	吐鲁番—和田(G3012)
松江—长白山(G1215)	阿图什—乌恰(G3013)
乌兰浩特—阿力得尔(G1216)	奎屯—阿勒泰(G3014)
丹东—锡林浩特(G16)	奎屯—塔城(G3015)
克什克腾旗—承德(G1611)	清水河—伊宁(G3016)
荣成—乌海(G18)	武威—金昌(G3017)
黄骅—石家庄(G1811)	精河—阿拉山口(G3018)
沧州—榆林(G1812)	博乐—阿拉山口(G3019)
威海—青岛(G1813)	**南京—洛阳(G36)**
潍坊—日照(G1815)	**上海—西安(G40)**
乌海—玛沁(G1816)	扬州—溧阳(G4011)

续上表

横线	
溧阳—宁德(G4012)	大理—临沧(G5612)
上海—成都(G42)	保山—泸水(G5613)
上海—武汉(G42S)	天保—猴桥(G5615)
南京—芜湖(G4211)	**上海—昆明(G60)**
合肥—安庆(G4212)	杭州—长沙(G60N)
麻城—安康(G4213)	南昌—韶关(G6011)
成都—遵义(G4215)	**福州—银川(G70)**
成都—丽江(G4216)	十堰—天水(G7011)
成都—昌都(G4217)	**泉州—南宁(G72)**
雅安—叶城(G4218)	南宁—友谊关(G7211)
曲水—乃东(G4219)	柳州—北海(G7212)
上海—重庆(G50)	**厦门—成都(G76)**
石柱—重庆(G50S)	都匀—香格里拉(G7611)
芜湖—合肥(G5011)	纳雍—兴义(G7612)
恩施—广元(G5012)	**汕头—昆明(G78)**
重庆—成都(G5013)	**广州—昆明(G80)**
杭州—瑞丽(G56)	开远—河口(G8011)
大理—丽江(G5611)	弥勒—楚雄(G8012)
	砚山—文山(G8013)
地区环线	
首都地区环线(G95)	**成渝地区环线(G93)**
涞水—涞源(G9511)	**珠江三角洲地区环线(G94)**
辽中地区环线(G91)	东莞—佛山(G9411)
本溪—集安(G9111)	**海南地区环线(G98)**
杭州湾地区环线(G92)	海口—三亚(G9811)
杭州—宁波(G92N)	海口—琼海(G9812)
宁波—舟山(G9211)	万宁—洋浦(G9813)

(二)"十三五"交通扶贫规划范围

省份	类型	县名
河北省 (48个)	集中连片县 (22个)	万全县、丰宁满族自治县、唐县、围场满族蒙古族自治县、宣化县、尚义县、平泉县、康保县、张北县、怀安县、承德县、易县、曲阳县、望都县、沽源县、涞水县、涞源县、蔚县、阜平县、阳原县、隆化县、顺平县
	片外国贫县 (23个)	临城县、南皮县、大名县、威县、崇礼县、巨鹿县、平乡县、平山县、广宗县、新河县、武强县、武邑县、海兴县、滦平县、灵寿县、盐山县、行唐县、赞皇县、赤城县、阜城县、青龙县、饶阳县、魏县
	其他老少边县 (3个)	大厂回族自治县、孟村回族自治县、宽城满族自治县
山西省 (36个)	集中连片县 (21个)	临县、五台县、五寨县、兴县、吉县、大同县、大宁县、天镇县、岚县、岢岚县、广灵县、永和县、汾西县、浑源县、灵丘县、石楼县、神池县、繁峙县、阳高县、隰县、静乐县
	片外国贫县 (15个)	中阳县、代县、保德县、偏关县、右玉县、和顺县、壶关县、娄烦县、宁武县、左权县、平陆县、平顺县、方山县、武乡县、河曲县
内蒙古 自治区 (47个)	集中连片县 (8个)	兴和县、化德县、商都县、扎赉特旗、科尔沁右翼中旗、科尔沁右翼前旗、突泉县、阿尔山市
	片外国贫县 (23个)	卓资县、喀喇沁旗、四子王旗、太仆寺旗、奈曼旗、宁城县、察哈尔右翼中旗、察哈尔右翼前旗、察哈尔右翼后旗、巴林右旗、巴林左旗、库伦旗、敖汉旗、林西县、正镶白旗、武川县、科尔沁左翼中旗、科尔沁左翼后旗、翁牛特旗、苏尼特右旗、莫力达瓦达斡尔族自治旗、鄂伦春自治旗、阿鲁科尔沁旗
	其他老少边县 (16个)	东乌珠穆沁旗、乌拉特中旗、乌拉特后旗、二连浩特市、新巴尔虎右旗、新巴尔虎左旗、满洲里市、苏尼特左旗、达尔罕茂明安联合旗、鄂温克族自治旗、阿巴嘎旗、阿拉善右旗、阿拉善左旗、陈巴尔虎旗、额尔古纳市、额济纳旗
辽宁省 (12个)	其他老少边县 (12个)	东港市、元宝区、喀喇沁左翼蒙古族自治县、宽甸满族自治县、岫岩满族自治县、振兴区、振安区、新宾满族自治县、本溪满族自治县、桓仁满族自治县、清原满族自治县、阜新蒙古族自治县
吉林省 (19个)	集中连片县 (3个)	大安市、通榆县、镇赉县
	片外国贫县 (5个)	和龙市、安图县、汪清县、靖宇县、龙井市
	其他老少边县 (11个)	临江市、伊通满族自治县、前郭尔罗斯蒙古族自治县、图们市、延吉市、抚松县、敦化市、浑江区、珲春市、长白朝鲜族自治县、集安市

续上表

省份	类型	县名
黑龙江省 (35个)	集中连片县 (11个)	克东县、兰西县、富裕县、拜泉县、明水县、望奎县、林甸县、泰来县、甘南县、青冈县、龙江县
	片外国贫县 (9个)	同江市、延寿县、抚远县、桦南县、桦川县、汤原县、海伦市、绥滨县、饶河县
	其他老少边县 (15个)	东宁县、呼玛县、嘉荫县、塔河县、孙吴县、密山市、杜尔伯特蒙古族自治县、漠河县、爱辉区、穆棱市、绥芬河市、萝北县、虎林市、逊克县、鸡东县
浙江省 (1个)	其他老少边县 (1个)	景宁畲族自治县
安徽省 (28个)	集中连片县 (12个)	临泉县、利辛县、太湖县、宿松县、寿县、岳西县、望江县、潜山县、金寨县、阜南县、霍邱县、颍上县
	片外国贫县 (8个)	泗县、灵璧县、石台县、砀山县、舒城县、萧县、裕安区、颍东区
	其他老少边县 (8个)	大观区、宜秀区、怀宁县、枞阳县、桐城市、迎江区、金安区、霍山县
福建省 (52个)	其他老少边县 (52个)	三元区、上杭县、云霄县、光泽县、华安县、南安市、南靖县、大田县、宁化县、安溪县、将乐县、尤溪县、平和县、延平区、建宁县、建瓯市、建阳市、德化县、政和县、新罗区、明溪县、松溪县、梅列区、武夷山市、武平县、永安市、永定区、永春县、沙县、泰宁县、浦城县、清流县、漳平市、漳浦县、芗城区、诏安县、连城县、邵武市、长汀县、顺昌县、龙海市、连江县、罗源县、蕉城区、霞浦县、古田县、屏南县、寿宁县、周宁县、柘荣县、福安市、福鼎市
江西省 (57个)	集中连片县 (17个)	万安县、上犹县、乐安县、于都县、井冈山市、会昌县、兴国县、南康区、宁都县、安远县、寻乌县、永新县、瑞金市、石城县、莲花县、赣县、遂川县
	片外国贫县 (7个)	上饶县、余干县、修水县、吉安县、广昌县、横峰县、鄱阳县
	其他老少边县 (33个)	余江县、信丰县、全南县、分宜县、南丰县、南城县、吉州区、吉水县、大余县、安源区、安福县、定南县、宜黄县、峡江县、崇义县、崇仁县、广丰县、弋阳县、新干县、樟树市、永丰县、泰和县、渝水区、章贡区、芦溪县、袁州区、贵溪市、资溪县、金溪县、铅山县、青原区、黎川县、龙南县
河南省 (49个)	集中连片县 (26个)	光山县、兰考县、内乡县、南召县、卢氏县、商城县、商水县、固始县、太康县、宁陵县、嵩县、新县、新蔡县、柘城县、栾川县、民权县、汝阳县、沈丘县、洛宁县、淅川县、淮滨县、淮阳县、潢川县、郸城县、镇平县、鲁山县

续上表

省 份	类 型	县 名
河南省 （49个）	片外国贫县 （12个）	上蔡县、台前县、宜阳县、封丘县、平舆县、桐柏县、滑县、睢县、确山县、社旗县、范县、虞城县
	其他老少边县 （11个）	唐河县、平桥区、息县、正阳县、汝南县、泌阳县、浉河区、罗山县、西平县、遂平县、驿城区
湖北省 （43个）	集中连片县 （26个）	丹江口市、五峰土家族自治县、保康县、利川市、咸丰县、团风县、大悟县、孝昌县、宣恩县、巴东县、建始县、恩施市、房县、来凤县、秭归县、竹山县、竹溪县、红安县、罗田县、英山县、蕲春县、郧阳区、郧西县、长阳土家族自治县、鹤峰县、麻城市
	片外国贫县 （2个）	神农架林区、阳新县
	其他老少边县 （15个）	云梦县、孝南区、安陆市、广水市、应城市、新洲区、曾都区、枣阳市、武穴市、浠水县、随县、黄州区、黄梅县、黄陂区、龙感湖管理区
湖南省 （41个）	集中连片县 （37个）	中方县、会同县、保靖县、凤凰县、古丈县、城步苗族自治县、安仁县、安化县、宜章县、慈利县、新化县、新宁县、新晃侗族自治县、新邵县、桂东县、桑植县、武冈市、永顺县、汝城县、沅陵县、泸溪县、洞口县、涟源市、溆浦县、炎陵县、石门县、绥宁县、花垣县、芷江侗族自治县、茶陵县、辰溪县、通道侗族自治县、邵阳县、隆回县、靖州苗族侗族自治县、麻阳苗族自治县、龙山县
	片外国贫县 （3个）	平江县、新田县、江华县
	其他老少边县 （1个）	吉首市
广东省 （25个）	其他老少边县 （25个）	丰顺县、乳源瑶族自治县、五华县、兴宁市、南雄市、和平县、大埔县、平远县、梅县区、梅江区、蕉岭县、连南瑶族自治县、连山壮族瑶族自治县、连平县、饶平县、龙川县、陆丰市、海丰县、陆河县、汕城区、紫金县、惠来县、揭西县、普宁市、惠东县
广西壮族 自治区 （45个）	集中连片县 （29个）	三江侗族自治县、上林县、东兰县、乐业县、凌云县、凤山县、大化瑶族自治县、大新县、天等县、宁明县、巴马瑶族自治县、德保县、忻城县、环江毛南族自治县、田林县、田阳县、罗城仫佬族自治县、融安县、融水苗族自治县、西林县、资源县、那坡县、都安瑶族自治县、隆安县、隆林各族自治县、靖西市、马山县、龙州县、龙胜各族自治县

续上表

省份	类型	县名
广西壮族自治区（45个）	片外国贫县（4个）	富川县、昭平县、田东县、金秀县
	其他老少边县（12个）	东兴市、凭祥市、南丹县、右江区、天峨县、宜州市、平果县、恭城瑶族自治县、扶绥县、江州区、金城江区、防城区
海南省（8个）	片外国贫县（5个）	临高县、五指山市、保亭县、琼中县、白沙县
	其他老少边县（3个）	乐东黎族自治县、昌江黎族自治县、陵水黎族自治县
重庆市（14个）	集中连片县（12个）	丰都县、云阳县、城口县、奉节县、巫山县、巫溪县、彭水苗族土家族自治县、武隆县、石柱土家族自治县、秀山土家族苗族自治县、酉阳土家族苗族自治县、黔江区
	片外国贫县（2个）	万州区、开县
四川省（91个）	集中连片县（60个）	万源市、丹巴县、九寨沟县、九龙县、乡城县、仪陇县、昭化区、剑阁县、北川羌族自治县、南江县、叙永县、古蔺县、喜德县、壤塘县、宣汉县、小金县、屏山县、巴塘县、（巴州区、恩阳区）、布拖县、平昌县、平武县、康定市、得荣县、德格县、新龙县、旺苍县、昭觉县、普格县、朝天区、木里藏族自治县、松潘县、汶川县、沐川县、泸定县、炉霍县、理县、理塘县、甘孜县、白玉县、石渠县、稻城县、红原县、美姑县、色达县、苍溪县、若尔盖县、茂县、越西县、通江县、道孚县、金川县、金阳县、阿坝县、雅江县、雷波县、青川县、马尔康市、马边彝族自治县、黑水县
	片外国贫县（6个）	南部县、嘉陵区、广安区、甘洛县、盐源县、阆中市
	其他老少边县（25个）	三台县、会东县、会理县、冕宁县、利州区、大竹县、宁南县、安县、峨边彝族自治县、开江县、德昌县、梓潼县、江油市、涪城区、渠县、游仙区、盐亭县、营山县、蓬安县、西充县、西昌市、达川区、通川区、顺庆区、高坪区
贵州省（70个）	集中连片县（65个）	七星关区、万山区、三穗县、三都水族自治县、丹寨县、习水县、从江县、六枝特区、关岭布依族苗族自治县、兴仁县、册亨县、凤冈县、剑河县、务川仡佬族苗族自治县、印江土家族苗族自治县、台江县、大方县、天柱县、威宁彝族回族苗族自治县、安龙县、岑巩县、平坝区、平塘县、德江县、思南县、惠水县、施秉县、普安县、普定县、晴隆县、望谟县、松桃苗族自治县、桐梓县、榕江县、正安县、水城县、江口县、沿河土家族自治县、湄潭县、独山县、玉屏侗族自治县、瓮安县、石阡县、碧江区、紫云苗族布依族自治县、纳雍县、织金县、罗甸县、荔波县、西秀区、贞丰县、贵定县、赤水市、赫章县、道真仡佬族苗族自治县、锦屏县、镇宁布依族苗族自治县、镇远县、长顺县、雷山县、麻江县、黄平县、黎平县、黔西县、龙里县

续上表

省份	类型	县名
贵州省(70个)	片外国贫县(1个)	盘县
	其他老少边县(4个)	兴义市、凯里市、福泉市、都匀市
云南省(105个)	集中连片县(85个)	丘北县、临翔区、云县、云龙县、会泽县、元阳县、兰坪白族普米族自治县、凤庆县、剑川县、勐海县、勐腊县、南华县、南涧彝族自治县、双柏县、双江拉祜族佤族布朗族傣族自治县、墨江哈尼族自治县、大关县、大姚县、姚安县、威信县、孟连傣族拉祜族佤族自治县、宁洱哈尼族彝族自治县、宁蒗彝族自治县、宣威市、宾川县、富宁县、寻甸回族彝族自治县、屏边苗族自治县、巍山彝族回族自治县、巧家县、师宗县、广南县、弥渡县、彝良县、德钦县、施甸县、昌宁县、昭阳区、景东彝族自治县、景谷傣族彝族自治县、梁河县、武定县、永仁县、永善县、永平县、永德县、永胜县、江城哈尼族彝族自治县、沧源佤族自治县、泸水县、泸西县、洱源县、漾濞彝族自治县、芒市、澜沧拉祜族自治县、牟定县、玉龙纳西族自治县、盈江县、盐津县、石屏县、砚山县、祥云县、禄劝彝族苗族自治县、福贡县、红河县、绥江县、维西傈僳族自治县、绿春县、罗平县、耿马傣族佤族自治县、西畴县、西盟佤族自治县、贡山独龙族怒族自治县、金平苗族瑶族傣族自治县、镇康县、镇沅彝族哈尼族拉祜族自治县、镇雄县、陇川县、隆阳区、香格里拉市、马关县、鲁甸县、鹤庆县、麻栗坡县、龙陵县
	片外国贫县(3个)	东川区、富源县、文山市
	其他老少边县(17个)	个旧市、元江哈尼族彝族傣族自治县、元谋县、大理市、峨山彝族自治县、建水县、开远市、弥勒市、新平彝族傣族自治县、景洪市、楚雄市、河口瑶族自治县、瑞丽市、石林彝族自治县、禄丰县、腾冲市、蒙自市
西藏自治区(74个)	集中连片县(74个)	丁青县、乃东县、亚东县、仁布县、仲巴县、八宿县、加查县、南木林县、双湖县、吉隆县、嘉黎县、噶尔县、城关区、堆龙德庆县、墨竹工卡县、墨脱县、安多县、定日县、定结县、察隅县、察雅县、尼木县、尼玛县、岗巴县、工布江达县、左贡县、巴青县、康马县、当雄县、扎囊县、拉孜县、措勤县、措美县、改则县、日喀则市、日土县、昂仁县、卡若区、普兰县、曲松县、曲水县、朗县、札达县、林周县、林芝县、桑日县、比如县、江孜县、江达县、波密县、洛扎县、洛隆县、浪卡子县、班戈县、琼结县、申扎县、白朗县、米林县、类乌齐县、索县、聂拉木县、聂荣县、芒康县、萨嘎县、萨迦县、谢通门县、贡嘎县、贡觉县、边坝县、达孜县、那曲县、错那县、隆子县、革吉县
陕西省(77个)	集中连片县(43个)	丹凤县、佛坪县、佳县、勉县、千阳县、南郑县、吴堡县、周至县、商南县、商州区、城固县、太白县、子洲县、宁强县、宁陕县、山阳县、岚皋县、平利县、扶风县、旬阳县、柞水县、横山区、永寿县、汉滨区、汉阴县、洋县、洛南县、淳化县、清涧县、留坝县、略阳县、白河县、石泉县、米脂县、紫阳县、绥德县、西乡县、镇坪县、镇安县、镇巴县、长武县、陇县、麟游县

续上表

省份	类型	县名
陕西省（77个）	片外国贫县（13个）	印台区、合阳县、定边县、宜君县、宜川县、富平县、延川县、延长县、旬邑县、澄城县、白水县、耀州区、蒲城县
	其他老少边县（21个）	三原县、凤县、吴起县、子长县、安塞县、宝塔区、富县、府谷县、彬县、志丹县、榆阳区、汉台区、泾阳县、洛川县、王益区、甘泉县、神木县、铜川市新区、靖边县、黄陵县、黄龙县
甘肃省（64个）	集中连片县（58个）	东乡族自治县、两当县、临夏县、临夏市、临洮县、临潭县、会宁县、华池县、卓尼县、古浪县、合作市、合水县、和政县、夏河县、天祝藏族自治县、宁县、安定区、宕昌县、岷县、崆峒区、广河县、庄浪县、庆城县、康乐县、康县、张家川回族自治县、徽县、成县、文县、景泰县、榆中县、正宁县、武山县、武都区、永登县、永靖县、泾川县、清水县、渭源县、漳县、灵台县、玛曲县、环县、甘谷县、皋兰县、碌曲县、礼县、秦安县、积石山保安族东乡族撒拉族自治县、舟曲县、西和县、迭部县、通渭县、镇原县、陇西县、靖远县、静宁县、麦积区
	其他老少边县（6个）	华亭县、崇信县、肃北蒙古族自治县、肃南裕固族自治县、西峰区、阿克塞哈萨克族自治县
青海省（42个）	集中连片县（40个）	久治县、乌兰县、乐都区、互助土族自治县、共和县、兴海县、冷湖行委、刚察县、化隆回族自治县、同仁县、同德县、囊谦县、大柴旦行委、天峻县、尖扎县、循化撒拉族自治县、德令哈市、曲麻莱县、杂多县、格尔木市、民和回族土族自治县、河南蒙古族自治县、治多县、泽库县、海晏县、湟中县、湟源县、玉树市、玛多县、玛沁县、班玛县、甘德县、祁连县、称多县、茫崖行委、贵南县、贵德县、达日县、都兰县、门源回族自治县
	片外国贫县（2个）	大通县、平安县
宁夏回族自治区（14个）	集中连片县（7个）	原州区、同心县、彭阳县、泾源县、海原县、西吉县、隆德县
	片外国贫县（1个）	盐池县
	其他老少边县（6个）	中宁县、利通区、沙坡头区、灵武市、红寺堡区、青铜峡市
新疆维吾尔自治区（80个）	集中连片县（33个）	乌什、乌恰县、于田县、伽师县、叶城县、和田县、和田市、喀什市、塔什库尔干塔吉克自治县、墨玉县、岳普湖县、巴楚县、库车县、拜城县、新和县、柯坪县、民丰县、沙雅县、泽普县、洛浦县、温宿县、疏勒县、疏附县、皮山县、策勒县、英吉沙县、莎车县、阿克苏市、阿克陶县、阿合奇县、阿图什市、阿瓦提县、麦盖提县

续上表

省份	类型	县名
新疆维吾尔自治区（80个）	片外国贫县（6个）	吉木乃县、察布查尔锡伯自治县、尼勒克县、巴里坤哈萨克自治县、托里县、青河县
	其他老少边县（41个）	且末县、乌苏市、伊吾县、伊宁县、伊宁市、博乐市、博湖县、吉木萨尔县、呼图壁县、和布克赛尔蒙古自治县、和硕县、和静县、哈密市、哈巴河县、塔城市、奇台县、奎屯市、富蕴县、尉犁县、巩留县、布尔津县、库尔勒市、新源县、昌吉市、昭苏县、木垒哈萨克自治县、沙湾县、温泉县、焉耆回族自治县、特克斯县、玛纳斯县、福海县、精河县、若羌县、裕民县、轮台县、阜康市、阿勒泰市、阿拉山口市、霍城县、额敏县

注："十三五"期间,经国务院批准,河北省张家口市万全县撤销,设立张家口市万全区;河北省张家口市宣化县、宣化区撤销,设立新的宣化区;河北省承德市平泉县撤销,设立县级平泉市;河北省张家口市崇礼县撤销,设立张家口市崇礼区;黑龙江省抚远县撤销,设立县级抚远市(2017年11月26日,抚远市不再由黑龙江省直接管理);黑龙江省东宁县撤销,设立县级东宁市(由牡丹江市代管);福建省南平市建阳市撤销(国务院2014年5月27日批复同意),设立南平市建阳区(2015年3月18日成立);江西省上饶市广丰县撤销,设立上饶市广丰区;广西壮族自治区河池市宜州市撤销,设立河池市宜州区;重庆市武隆县撤销,设立武隆区;贵州省六盘水市盘县撤销,设立县级盘州市;云南省怒江傈僳族自治州泸水县撤销,设立县级泸水市;西藏自治区山南市乃东县撤销,设立乃东区;西藏自治区堆龙德庆县撤销,设立拉萨市堆龙德庆区;西藏自治区林芝县撤销,设立林芝市巴宜区;西藏自治区达孜县撤销,设立拉萨市达孜区;西藏自治区那曲地区和那曲县撤销,设立地级那曲市和色尼区;陕西省汉中市南郑县撤销,设立汉中市南郑区;陕西省延安市安塞县撤销,设立延安市安塞区;陕西省榆林市神木县撤销,设立县级神木市(由榆林市代管);青海省海东市平安县撤销,设立海东市平安区。

（三）新疆生产建设兵团交通扶贫范围

地区	类型	团场或县名
新疆生产建设兵团（99个）	集中连片县（45个）	第一师一团、第一师二团、第一师三团、第一师四团、第一师五团、第一师六团、第一师七团、第一师八团、第一师十团、第一师十一团、第一师十二团、第一师十三团、第一师十四团、第一师十五团、第一师十六团、民族农场、阿拉尔农场、水利水电工程处、塔里木灌区水利管理处、沙井子灌区水利管理处、第二师三十八团、第三师四十一团、第三师四十二团、第三师四十三团、第三师四十四团、第三师四十五团、第三师四十六团、第三师四十八团、第三师四十九团、第三师五十团、第三师五十一团、第三师五十二团、第三师五十三团、第三师东风农场、第三师伽师总场、第三师莎车农场、第三师叶城二牧场、第三师托云牧场、第三师红旗农场、第三师小海子水管处、第三师前进水管处、第十四师皮山农场、第十四师一牧场、第十四师四十七团、第十四师二二四团

续上表

地区	类型	团场或县名
新疆生产建设兵团（99个）	其他老少边县（54个）	第四师六十一团、第四师六十二团、第四师六十三团、第四师六十四团、第四师六十五团、第四师六十六团、第四师六十七团、第四师六十八团、第四师六十九团、第四师七十四团、第四师七十五团、第四师七十六团、第四师七十七团、第五师八十一团、第五师八十四团、第五师八十五团、第五师八十六团、第五师八十七团、第五师八十八团、第五师八十九团、第五师九〇团、第六师一〇八团、第六师一〇九团、第六师一一〇团、第六师红旗农场、第六师奇台农场、第六师北塔山牧场、第七师一三七团、第九师一六一团、第九师一六二团、第九师一六三团、第九师一六四团、第九师一六五团、第九师一六六团、第九师一六七团、第九师一六八团、第九师一六九团、第九师一七〇团、第九师团结农场、第十师一八一团、第十师一八二团、第十师一八三团、第十师一八四团、第十师一八五团、第十师一八六团、第十师一八七团、第十师一八八团、第十师一九〇团、第十师青河农场、第十三师红山农场、第十三师红星一牧场、第十三师红星二牧场、第十三师淖毛湖农场、可克达拉市

(四) 向国家统计局提供的具体统计资料清单

根据工作需要，经双方协商可提供有关统计数据。

(五) 向统计信息共享数据库提供的具体统计资料清单

根据工作需要，经双方协商可提供有关统计数据。

附录 4　农村公路基础设施统计调查制度

中华人民共和国交通运输部制定
国家统计局备案

2021 年 11 月

本调查制度根据《中华人民共和国统计法》的有关规定制定

《中华人民共和国统计法》第七条规定:国家机关、企业事业单位和其他组织以及个体工商户和个人等统计调查对象,必须依照本法和国家有关规定,真实、准确、完整、及时地提供统计调查所需的资料,不得提供不真实或者不完整的统计资料,不得迟报、拒报统计资料。

《中华人民共和国统计法》第九条规定:统计机构和统计人员对在统计工作中知悉的国家秘密、商业秘密和个人信息,应当予以保密。

《中华人民共和国统计法》第二十五条规定:统计调查中获得的能够识别或者推断单个统计调查对象身份的资料,任何单位和个人不得对外提供、泄露,不得用于统计以外的目的。

一、总　说　明

(一)调查目的

为全面反映全国农村公路变更情况,满足各级交通运输主管部门制定农村公路发展战略、规划和政策等方面的需求,依据《中华人民共和国统计法》《中华人民共和国统计法实施条例》等规定,制定本制度。

(二)调查范围

1. 全国范围内发生变更的农村公路(县道、乡道、村道)。
2. 全国范围内发生变更的涉及乡(镇)或建制村优选通达路线的专用公路。
3. 全国范围内发生变更的不在国省道、农村公路范围内的较大人口规模自然村(组)优选通达路线。
4. 全国范围内发生变更的乡(镇)(含街道办事处、其他乡级单位)、建制村(含居民委员会、其他村级单位)和较大人口规模自然村(组)。

(三)调查内容

1. 调查范围内公路的基本属性、线形、线位和安全生命防护工程设施情况。
2. 桥梁、隧道和渡口的技术状况和地理位置。
3. 乡(镇)(含街道办事处、其他乡级单位)、建制村(含居民委员会、其他村级单位)名录。
4. 乡(镇)(含其他乡级单位)、建制村(含其他村级单位)的基本情况和通达现状等信息。
5. 较大人口规模自然村(组)的基本情况和通硬化路等信息。

(四)调查原则与方法

本制度中指标数据原则上按照属地原则填报,采用全面调查。

(五)调查频率和时间

本制度中的所有报表均为年报,所有指标的调查截止日期为统计年度的12月31日。

(六) 报送要求

1. 严格按照本制度中规定的计量单位、数值精度填报，计量单位为"公里"类指标数据保留三位小数，计量单位为"米"类指标数据保留一位小数。

2. 本制度中的所有报表的报交通运输部截止日期为次年的 1 月 20 日。

(七) 组织实施

1. 本制度由交通运输部综合规划司统一组织、分级实施，省级交通运输主管部门负责组织本辖区内的信息采集、填报、审核、汇总和上报等工作。

2. 公路养护统计调查制度内相关数据由本调查制度结合上年度数据统计汇总生成。

(八) 质量控制

1. 各填报单位须严格按照本制度规定的指标含义、统计范围、统计口径、调查表式和填报要求，认真组织实施，按时报送资料。

2. 各省级交通运输主管部门应加强年度间数据的追溯衔接关联审核。

(九) 统计资料公布

本制度中的数据仅限内部使用。

(十) 统计信息共享

本制度中的数据不对外公布。

(十一) 使用单位名录库情况

无。

二、报表目录

表　　号	表　　名	报告期别	统计范围	报送单位	报送日期及方式
交行统 NGH01 表	农村公路基础设施年底到达数	年报	农村公路及桥梁、隧道、渡口	各省、自治区、直辖市、新疆生产建设兵团交通运输厅（局、委）	1月20日系统报送
交行统 NGH02 表	乡（镇）、建制村、较大人口规模自然村（组）年底到达数	年报	乡（镇）、建制村及较大人口规模自然村（组）		同上
交行统 NG101 表	农村公路变更路段明细表	年报	发生变更的农村公路及桥梁、隧道、渡口		同上
交行统 NG102 表	农村公路变更桥梁明细表	年报			同上
交行统 NG103 表	农村公路变更隧道明细表	年报			同上
交行统 NG104 表	农村公路变更渡口明细表	年报			同上
交行统 NG105 表	农村公路安防设施明细表	年报			同上
交行统 NG106 表	乡（镇）通畅变更明细表	年报	发生变更的乡（镇）、建制村及较大人口规模自然村（组）		同上
交行统 NG107 表	建制村通畅变更明细表	年报			同上
交行统 NG108 表	较大人口规模自然村（组）变更明细表	年报			同上

三、调查表式

农村公路基础设施年底到达数

20　　年

填报单位：

表　号：交行统 NGH 01 表
制定机关：交 通 运 输 部
备案机关：国 家 统 计 局
备案文号：国统办函〔2021〕500号
有效期至：2026年11月

一、农村公路里程年底到达数（按技术等级分）

指标名称	代码	公路里程年底到达数 合计	等级公路 小计	高速公路 四车道	高速公路 六车道	高速公路 八车道及以上	一级	二级	三级	四级	等外公路
甲	乙	01	02	03	04	05	06	07	08	09	10	11
县道	101											
乡道	102											
村道	103											
专用公路	104											

二、农村公路里程年底到达数（按路面类型分）

指标名称	代码	公路里程总计	有铺装路面（高级）			简易铺装路面（次高级）	未铺装路面（中级、低级、无路面）	可绿化里程	已绿化里程	养护里程
			合计	沥青混凝土	水泥混凝土					
甲	乙	01	02	03	04	05	06	07	08	09
县道	201									
乡道	202									
村道	203									
专用公路	204									

三、农村公路桥梁年底到达数（按使用年限分）

指标名称	代码	桥梁		四五类桥梁		按建筑材料和使用年限分					
		总计				永久性		半永久性		临时性	
		座	米	座	米	座	米	座	米	座	米
甲	乙	01	02	03	04	05	06	07	08	09	10
县道	301										
乡道	302										
村道	303										
专用公路	304										

附录4 农村公路基础设施统计调查制度

四、农村公路桥梁、渡口年底到达数（按跨径分）

指标名称	代码	桥梁 总计		互通式		按跨径分								渡口总计	机动
						特大桥		大桥		中桥		小桥			
		座	米	座	米	座	米	座	米	座	米	座	米	处	处
甲	乙	01	02	03	04	05	06	07	08	09	10	11	12	13	14
县道	401														
乡道	402														
村道	403														
专用公路	404														

五、农村公路隧道年底到达数

指标名称	代码	总计		特长隧道		长隧道		中隧道		短隧道	
		道	延米	道	延米	道	延米	道	延米	道	延米
甲	乙	01	02	03	04	05	06	07	08	09	10
县道	501										
乡道	502										
村道	503										
专用公路	504										

单位负责人： 统计负责人： 填表人： 联系电话： 报出日期：20 年 月 日

说明：1.统计范围：达到《公路工程技术标准》（JTG B01—2014）规定的技术等级的公路，县乡道中路基宽度≥4.5米路段的等外路，村道中路基宽度≥3.0米或路面宽度≥4.5米或路面宽度≥3.5米路段的等外路（新纳入统计的农村公路需全线满足条件）。不包括自然路、城镇其他道路、农业生产专用道路以及新建公路尚未验收交付使用的路段里程。

2.上报公路里程保留3位小数。

乡(镇)、建制村、较大人口规模自然村(组)年底到达数

表　号：交行统NGH02表
制定机关：交通运输部
备案机关：国家统计局
备案文号：国统办函[2021]500号
有效期至：2026年11月

填报单位：

20　　　年

单位名称	县级行政区划代码	乡(镇)				建制村				较大人口规模自然村(组)		
		数量	按通达现状分			数量	按通达现状分			数量	按通达现状分	
			已通畅	已通达、未通畅	未通达		已通畅	已通达、未通畅	未通达		已通畅	未通达
		01	02	03	04	05	06	07	08	09	10	11
甲	乙											
合计												

单位负责人：　　　　统计负责人：　　　　填表人：　　　　联系电话：　　　　报出日期：20　　年　　月　　日

说明：1. 统计范围：乡(镇)"城乡类别"为乡、镇，建制村"城乡类别"为村民委员会及所有较大人口规模自然村(组)。
2. 表内逻辑关系：01列=02列+03列+04列；05列=06列+07列+08列；09列=10列+11列。

农村公路变更路段明细表

表　号：交行统 NG101 表
制定机关：交 通 运 输 部
备案机关：国 家 统 计 局
备案文号：国统办函[2021]500号
有效期至：2026年11月

填报单位：　　　　　　　　　　　　　　　20　　年

路段代码	路线名称	所在行政区划代码	起点信息					讫点信息				
			名称	桩号	是否为分界点	分界点类别		名称	桩号	是否为分界点	分界点类别
01	02	03	04	05	06	07		08	09	10	11

续表（一）

路段技术等级	路段路面类型	路基宽度（米）	路面宽度（米）	路段里程（公里）	是否为共用路段	所共用路段代码	所共用路段起点桩号	所共用路段讫点桩号	是否为城市道路路段	是否待贯通路段
12	13	14	15	16	17	18	19	20	21	22

续表(二)

建成时间	最新改建时间	涵洞数量(个)	变更原因	原路线信息			车道数量(个)	养护里程	可绿化里程	已绿化里程
				路线代码	起点桩号	讫点桩号				
23	24	25	26	27	28	29	30	31	32	33

续表(三)

地貌	设计速度(公里/小时)	管养单位名称	路段收费性质	最近一次修复养护年度	是否按干线公路管理接养
34	35	36	37	38	39

单位负责人：　　　　　统计负责人：　　　　　填表人：　　　　　联系电话：　　　　　报出日期:20　年　月　日

说明:1. 统计范围：发生变更的县道、乡道、村道及涉及乡（镇）、建制村优选通达路线的专用公路，建制村用所共用路段的起讫点桩号，三级及以上公路的路段需填写"设计速度""管养单位名称""路段收费性质""最近一次修复养护年度""是否按干线公路管理接养"指标。共用国省道的路段须填写交行统 NGH01 表保持一致。

2. 本表统计汇总数据与交行统 NGH01 表保持一致。

3. "分界点类别"请填写代码:1.省界;2.市界;3.县界;4.乡界。

4. "路段技术等级"请填写代码:1.高速公路;2.一级公路;3.二级公路;4.三级公路;5.四级公路;6.等外公路。

5. "路段路面类型"请填写代码:1.沥青混凝土路面;2.水泥混凝土路面;3.简易铺装路面;4.砂石路面;5.石质路面;6.渣石路面;7.砖铺路面;8.无路面;9.混凝土预制块。

6. "是否为共用路段"是否为城市道路路段路段""是否待贯通路段""是否按干线公路管理接养"请填写代码:1.是;2.否。

7. "变更原因"请填写代码:10.未变更;11.新建;12.改建;14.漏统;21.指标变更或地理位置变更。

8. "路段收费性质"请填写代码:1.非收费;2.还贷;3.经营;9.未收费。

9. "地貌"请填写代码:1.山岭;2.微丘;3.重丘;4.平原。

10. 表内逻辑关系:05 列=09 列;16 列=09 列−05 列;15 列≤14 列;28 列<29 列;31 列;32 列;33 列≤16 列;32 列≤32 列。

农村公路变更桥梁明细表

表　　号：交行统 NG１０２表
制定机关：交　通　运　输　部
备案机关：国　家　统　计　局
备案文号：国统办函〔2021〕500号
有效期至：２０２６年１１月

填报单位：　　　　　　　　　　20　　年

桥梁代码	路线名称	桥梁名称	建成时间	最新改建时间	桥梁中心桩号	桥梁全长（米）	设计荷载等级	按跨径分类	按使用年限分类	桥梁上部结构类型
01	02	03	04	05	06	07	08	09	10	11

续表（一）

是否互通立交	技术状况评定等级	跨径总长（米）	单孔最大跨径（米）	桥梁全宽（米）	桥面全宽（米）	桥面净宽（米）	管养单位名称	变更原因	原桥梁代码
12	13	14	15	16	17	18	19	20	21

续表（二）

跨径组合（孔×米）	桥墩类型	抗震等级	跨越地物类型	跨越地物名称	通航等级	墩台防撞设施类型	建设单位	设计单位	施工单位	监理单位
22	23	24	25	26	27	28	29	30	31	32

续表（三）

建成通车日期	管养单位性质	监管单位名称	收费性质	评定日期	评定单位	最新改造完工日期	最新改造是否属于危桥改造项目	最新改造部位	最新改造工程性质	最新改造施工单位
33	34	35	36	37	38	39	40	41	42	43

续表(四)

最新改造是否部补助项目	当前主要病害部位	当前主要病害描述	交通管制措施	桥梁上部构造结构材料	桥梁所在位置	是否宽路窄桥	是否在长大桥梁目录中	是否跨省桥梁
44	45	46	47	48	49	50	51	52

单位负责人： 统计负责人： 填表人： 联系电话： 报出日期:20 年 月 日

说明:1.统计范围:县道、乡道、村道及涉乡(镇)、建制村优选通达路线的专用公路上发生变更的桥梁,如新建、重建或指标变更等。按跨径分类为"特大桥""大桥""中桥"时需填写23列至52列指标。
2.上下行分离式桥梁按照两座桥梁分别填报,沿所在路线桩号递增方向的右侧桥为分离式路段的上行桥梁,另一侧为下行桥梁。
3.本表统计汇总数据与交行统NGH01表保持一致。
4."设计荷载等级"请填写代码:1.公路—Ⅰ级;2.公路—Ⅱ级;3.汽车—超20级;4.汽车—20级;5.汽车—15级;6.汽车—13级;7.汽车—10级;9.低于汽车—10级。
5."按跨径分类"请填写代码:1.特大桥;2.大桥;3.中桥;4.小桥。
6."按使用年限分类"请填写代码:1.永久性;2.半永久性;3.临时性。
7."桥梁上部结构类型"请填写代码:11.空心板梁;12.整体现浇板;13.T梁;14.Ⅰ形梁;15.Ⅱ形梁;16.箱形梁;17.桁架梁;18.实心板梁;19.肋板梁;20.组合式梁;21.连续T梁;22.连续箱梁;30.悬臂梁;41.板拱;42.肋拱;43.双曲拱;44.箱形拱;45.桁架拱;46.刚架拱;47.系杆拱;48.石拱桥;49.其他拱桥;51.门式刚构;52.斜腿刚构;53.T形刚构;54.连续刚构;61.悬索桥;62.自锚悬索桥;70.斜拉桥;90.其他桥。
8."技术状况评定等级"请填写代码:1.一类;2.二类;3.三类;4.四类;5.五类;9.未评定。
9."变更原因"请填写代码:10.未变更;11.新建;12.改建;14.漏统;21.指标变更或地理位置变更。
10."桥梁上部构造结构材料"请填写代码:11.混凝土;12.钢筋混凝土;13.钢管混凝土;14.钢混组合;15.预应力钢筋混凝土;16.石;17.其他圬工材料;18.钢;19.木;20.混合材料;90.其他材料。
11."桥墩类型"请填写代码:10.无;11.重力式墩;12.单柱墩;13.双柱式墩;14.多柱墩;15.桁架式墩;16.构架式墩;17.排架墩;18.双壁墩;19.X形墩;20.Y形墩;21.V形墩;22.H形墩;24.薄壁墩;25.石砌轻型墩;30.混合式墩;90.其他。
12."抗震等级"请填写代码:1.<0.05或6度以下;2.0.05或6度;3.0.10、0.15或7度;4.0.20、0.30或8度;5.≥0.40或9度及以上。
13."跨越地物类型"请填写代码:1.河流(包括运河、湖泊、干河槽);2.跨海;3.沟壑;4.管道(大型输送管道);5.道路(包括非机动车道);6.铁路;7.水渠;8.旱地;9.其他。
14."通航等级"请填写代码:0.不通航;1.一级;2.二级;3.三级;4.四级;5.五级;6.六级;7.七级。
15."墩台防撞设施类型"请填写代码:1.软防护;2.硬防护;3.无防护。
16."管养单位性质"请填写代码:1.公路交通部门养护管理;2.公路交通部门与其他部门共同养护管理;9.其他部门养护管理。
17."收费性质"请填写代码:1.非收费;2.还贷;3.经营;9.未收费。
18."最新改造是否属于危桥改造项目""最新改造是否部补助项目""是否宽路窄桥""是否在长大桥梁目录中""是否跨省桥梁"请填写代码:1.是;2.否。
19."最新改造工程性质"请填写代码:2.中修;3.大修;4.改建;5.重建;6.修复养护;7.专项养护;8.应急养护。
20."交通管制措施"请填写代码:1.正常使用;2.限制交通;3.封闭交通;4.废弃。
21."桥梁所在位置"请填写代码:1.上行;2.下行;3.双向;4.匝道;5.跨线;6.线外。
22.表内逻辑关系:14列≤07列;15列≤14列;17列≤16列;18列≤17列。

农村公路变更隧道明细表

表　号：交行统 NG103 表
制定机关：交通运输部
备案机关：国家统计局
备案文号：国统办函〔2021〕500 号
有效期至：2026 年 11 月

填报单位：　　　　　　　　　　20　　年

隧道代码	路线名称	隧道名称	建成时间	最新改建时间	隧道入口桩号	技术状况评定			
						总体	土建结构	机电设施	其他工程设施
01	02	03	04	05	06	07	08	09	10

续表（一）

隧道长度（米）	隧道净高（米）	隧道全宽（米）	隧道净宽（米）	管养单位名称	变更原因	原隧道代码	按隧道长度分类
11	12	13	14	15	16	17	18

续表（二）

是否水下隧道	建设单位名称	设计单位名称	施工单位名称	监理单位名称	建成通车时间	隧道养护等级	管养单位性质	监管单位名称	总体评定日期	总体评定单位	土建结构评定单位	土建结构评定日期	机电设施评定日期
19	20	21	22	23	24	25	26	27	28	29	30	31	32

续表(三)

机电设施评定单位	其他工程设施评定日期	其他工程设施评定单位	最新改造完工日期	最新改造部位	最新改造工程性质	当前主要病害部位	当前主要病害描述	隧道所在位置	是否在长大隧道目录中	是否跨省隧道
33	34	35	36	37	38	39	40	41	42	43

单位负责人：　　统计负责人：　　填表人：　　联系电话：　　报出日期:20　年　月　日

说明:1.统计范围:县道、乡道、村道及涉及乡(镇)、建制村优选通达路线的专用公路上发生变更的隧道，如新建、改建或指标变更等。

2.上下行分离式隧道按照两处隧道分别填报。沿所在路线桩号递增方向的右侧隧道为分离式路段的上行隧道，另一侧为下行隧道。

3.本表统计汇总数据与交行统 NGH01 表保持一致。

4."技术状况评定"请填写代码:1.一类;2.二类;3.三类;4.四类;5.五类;9.未评定。

5."变更原因"请填写代码:10.未变更;11.新建;12.改建;14.漏统;21.指标变更或地理位置变更。

6."所属路段技术等级"请填写代码:1.高速公路;2.一级公路;3.二级公路;4.三级公路;5.四级公路;6.等外公路。

7."按隧道长度分类"请填写代码:1.特长隧道;2.长隧道;3.中隧道;4.短隧道。

8."是否水下隧道""是否在长大隧道目录中""是否跨省隧道"请填写代码:1.是;2.否。

9."隧道养护等级"请填写代码:1.一级;2.二级;3.三级。

10."管养单位性质"请填写代码:1.公路交通部门养护管理;2.公路交通部门与其他部门共同养护管理;9.其他部门养护管理。

11."最新改造工程性质"请填写代码:2.中修;3.大修;4.改建;5.重建;6.修复养护;7.专项养护;8.应急养护。

12."隧道所在位置"请填写代码:1.上行;2.下行;3.双向。

13.表内逻辑关系:14 列≤13 列。

农村公路变更渡口明细表

表　　号：交 行 统 NG１０４表
制定机关：交 通 运 输 部
备案机关：国 家 统 计 局
备案文号：国统办函〔2021〕500号
有效期至：２０２６年１１月

填报单位：　　　　　　　　20　　年

渡口代码	路线名称	渡口名称	建成时间	最新改建时间	起点桩号
甲	乙	丙	丁	戊	1

续表（一）

渡口宽度(米)	是否机动渡口	渡口类型	变更原因	原渡口代码
2	己	庚	辛	壬

单位负责人：　　　统计负责人：　　　填表人：　　　联系电话：　　　报出日期：20　年　月　日

说明：1. 统计范围：县道、乡道、村道及涉及乡(镇)、建制村优选通达路线的专用公路上发生变更的渡口，如新建、改建或指标变更等。
2. 本表统计汇总数据与交行统 NGH01 表保持一致。
3. "渡口类型"请填写代码：1. 机动渡口；2. 行人渡口。
4. "变更原因"请填写代码：10. 未变更；11. 新建；12. 改建；14. 漏统；21. 指标变更或地理位置变更。

农村公路安防设施明细表

表　　号：交行统 NG１０５表
制定机关：交 通 运 输 部
备案机关：国 家 统 计 局
备案文号：国统办函〔2021〕500 号
有效期至：２０２６年１１月

填报单位：　　　　　　　　　　20　　年

路线代码	路线名称	县级行政区划代码	起点桩号	讫点桩号	是否需要实施安防工程	是否已实施安防工程	实施时间
01	02	03	04	05	06	07	08

续表（一）

安全设施是否齐全								平交路口情况		备注
标志	标线	护栏	减速带	示警墩/桩	限高设施	限宽设施	其他	该路段上路口数（个）	路口共有减速带数量（个）	
09	10	11	12	13	14	15	16	17	18	19

单位负责人：　　统计负责人：　　填表人：　　联系电话：　　报出日期：20　　年　　月　　日

说明：1. 统计范围：县道、乡道及村道上安全生命防护工程设施完成情况信息。
　　　2. 本表中路线代码、路线名称、起点桩号、讫点桩号须在交行统 NG101 表内。
　　　3. "是否已实施安防工程"请填写代码：1. 已实施；2. 未实施；3. 无须实施。
　　　4. "安全设施是否齐全"请填写代码：1. 齐全；2. 需要但缺失；3. 不需要。

乡(镇)通畅变更明细表

表　　号：交行统 NG１０６表
制定机关：交　通　运　输　部
备案机关：国　家　统　计　局
备案文号：国统办函〔2021〕500号
有效期至：２０２６年１１月

填报单位：　　　　　　　　20　　年

一、乡(镇)(含街道办事处、其他乡级单位)名录信息

乡(镇)代码	乡(镇)名称	县级行政区划代码	所属省份	所属市(地、州、盟)	所属县(市、区、旗)	城乡类别
甲	乙	丙	丁	戊	己	庚

二、乡(镇)(含其他乡级单位)基本信息

乡(镇)人口(人)	所辖建制村数量(个)	所属地形	岛屿是否建有陆岛交通码头	码头与陆地距离(公里)	岛内是否建有公路
1	2	辛	壬	3	癸

三、乡(镇)(含其他乡级单位)通达现状信息

通达现状	优选通达路线行政等级	优选通达路线代码	优选通达路线名称	是否已通三级及以上公路
子	丑	寅	卯	辰

单位负责人：　　　统计负责人：　　　填表人：　　　联系电话：　　　报出日期:20　　年　　月　　日

说明：1.统计范围:发生变更的乡(镇)(含街道办事处、其他乡级单位)名录信息、乡(镇)(含其他乡级单位)基本信息、通达现状信息和乡(镇)通三级及以上公路信息。

2.本表统计汇总数据与交行统 NGH02 表保持一致。

3."城乡类别"请填写代码:11.街道;12.乡;13.镇;14.其他乡级单位。

4."所属地形"请填写代码:1.平原、微丘;2.山岭、重丘;3.岛屿。

5."通达现状"请填写代码:1.已通畅 2.已通达、未通畅;3.未通达。

6."优选通达路线行政等级"请填写代码:G.国道;S.省道;X.县道;Y.乡道;C.村道;Z.专用公路;D.城市道路。

7."是否已通三级及以上公路"请填写代码:1.是;2.否。

建制村通畅变更明细表

表　　号：交行统NG１０７表
制定机关：交　通　运　输　部
备案机关：国　家　统　计　局
备案文号：国统办函〔2021〕500号
有效期至：２０２６年１１月

填报单位：　　　　　　　　　20　　年

一、建制村(含居民委员会、其他村级单位)名录信息

建制村代码	建制村名称	县级行政区划代码	所属省份	所属市(地、州、盟)	所属县(市、区、旗)	城乡类别
甲	乙	丙	丁	戊	己	庚

二、建制村(含其他村级单位)基本信息

建制村人口(人)	所辖自然村数量(个)	所属地形	岛屿是否建有陆岛交通码头	码头与陆地距离(公里)	岛内是否建有公路
1	2	辛	壬	3	癸

三、建制村(含其他村级单位)通达现状信息

通 达 现 状	优选通达路线行政等级	优选通达路线代码	优选通达路线名称
子	丑	寅	卯

单位负责人： 统计负责人： 填表人： 联系电话： 报出日期:20 年 月 日

说明:1.统计范围:发生变更的建制村(含居民委员会、其他村级单位)名录信息、建制村(含其他村级单位)基本信息和通达现状信息。

2.本表统计汇总数据与交行统 NGH02 表保持一致。

3."城乡类别"请填写代码:21.居民委员会;22.村民委员会;23.其他村级单位。

4."所属地形"请填写代码:1.平原、微丘;2.山岭、重丘;3.岛屿。

5."通达现状"请填写代码:1.已通畅;2.已通达、未通畅;3.未通达。

6."优选通达路线行政等级"请填写代码:G.国道;S.省道;X.县道;Y.乡道;C.村道;Z.专用公路;D.城市道路。

较大人口规模自然村(组)变更明细表

表　　号:交 行 统 NG１０８表
制定机关:交　通　运　输　部
备案机关:国　家　统　计　局
备案文号:国统办函〔2021〕500号
有效期至:２０２６年１１月

填报单位：　　　　　　　　　　20　　年

自然村 (组)代码	自然村 (组)名称	县级 行政区划代码	所属省份	所属市 (地、州、盟)	所属县 (市、区、旗)	自然村 (组)户数
甲	乙	丙	丁	戊	己	1

续表(一)

通达现状	优选通达路线行政等级	优选通达路线代码	优选通达路线名称
庚	辛	壬	癸

续表(二)

路段代码	所在 行政区划代码	起点信息		讫点信息	
^	^	名称	桩号	名称	桩号
子	丑	寅	2	卯	3

续表(三)

路段 技术等级	路段 路面类型	路基宽度 (米)	路面宽度 (米)	路段里程 (公里)	是否为 共用路段	所共用路段代码
辰	巳	4	5	6	午	未

单位负责人： 统计负责人： 填表人： 联系电话： 报出日期:20 年 月 日

说明:1. 统计范围:发生变更的较大人口规模自然村(组)基本信息、通硬化路信息,不在国省道、农村公路范围内的优选通达路线信息。

2. 本表统计汇总数据与交行统 NGH02 表保持一致。

3. "通达现状"请填写代码:1. 已通畅;4. 未通畅。

4. "优选通达路线行政等级"请填写代码:G. 国道;S. 省道;X. 县道;Y. 乡道;C. 村道;Z. 专用公路;D. 城市道路;W. 通自然村(组)道路。

5. 表内逻辑关系:2 列 < 3 列;6 列 = 3 列 − 2 列;5 列 ≤ 4 列。

四、主要指标解释及填报说明

农村公路变更路段明细表

(交行统 NG101 表)

1.路段代码:路段代码采用路线代码+三位路段序列号进行编码,而路线代码使用行政等级代码+三位编号+县级行政区划代码进行编码,县道、乡道、村道和专用公路的路线代码的长度为10位,路段代码的长度为13位。行政等级代码分别为:县道(X)、乡道(Y)、村道(C)和专用公路(Z);三位编号要保证在相同县级单位内没有重复,当一个县区域内同一行政等级路线数量超过999条时,可以使用大写字母(A-Z)进行编号(如A01、A02……);对于穿越两个或两个以上县级行政区划的公路,以起点所在县级行政区划代码为路线县级行政区划代码,且保证该路线在所穿越的其他行政区域保持不变。

2.路线名称:指县道、乡道、村道及专用公路的名称。由路线起讫点的地名加连接符"-"组成。起讫点地名可用首位汉字或简称表示,但须保证组成的路线名称不重复。

3.路段划分原则:符合以下条件之一,均须进行分段,保证路段代码在同一路线(指路线代码相同的路线)内没有重复,但不要求连续,并保持路段起讫点桩号的连续性。

(1)行政区划发生变化:路线经过的乡级及以上行政区域的辖区发生变更时须分段。

(2)技术等级发生变化:路线的技术等级发生变化时须分段。技术等级代码项如附表4-1所示。

路段技术等级划分代码　　附表4-1

代码	代码名称	代码	代码名称
1	高速公路	4	三级公路
2	一级公路	5	四级公路
3	二级公路	6	等外公路

(3)路面类型发生变化:路线的三种基本路面类型,即"沥青混凝土路面""水泥混凝土路面""简易铺装路面",以及"未铺装路面"中细分的"砂石路面""石质路面""渣石路面""砖铺路面"和"无路面"和"混凝土预制块"共9种路面类型发生变化时,原则上须分段。其中:石质路面指用各种石材铺装的路面,如弹石路、石板路等;渣石路面指用矿渣、煤渣等材料铺装的路面;砖铺路面指用各种砖材铺装的路面;混凝土预制块指用水泥混凝土预制块铺装的路面。路段路面类型代码项如附表4-2所示。

路段路面类型代码 附表4-2

代 码	代 码 名 称	代 码	代 码 名 称
1	沥青混凝土路面	6	渣石路面
2	水泥混凝土路面	7	砖铺路面
3	简易铺装路面	8	无路面
4	砂石路面	9	混凝土预制块
5	石质路面		

(4)共用路段:一条路线与另一条或几条路线共用的路段部分须分段。

(5)待贯通路段:一条路线的待贯通路段部分须分段。

(6)城市道路路段:由市政(城建)部门负责管养的部分须分段。

4.路段起(讫)点地名:路段起(讫)点地名命名须遵循以下原则。

(1)以路段起讫点所处或最近的地理位置命名。

(2)相连的两个路段,下一路段的起点名称要与上一路段的讫点名称一致。

(3)对于不靠近村级单位的路段起(讫)点,可选择附近的标志性地物名称作为起(讫)点地名,周边没有明显标志的可用里程值作为起(讫)点地名。

5.路段起(讫)分界点类别:路段起(讫)点所辖区(乡级及以上行政区域)发生变化的类别。代码项如附表4-3所示。

路段起(讫)点所辖区类别代码 附表4-3

代 码	代 码 名 称	代 码	代 码 名 称
1	省界	3	县界
2	市界	4	乡界

6.路基宽度:即行车道与路肩宽度之和,当设有中间带、变速道、爬坡车道、应急停车带等时,应包括这些部分的宽度。

7. 路面宽度：即行车道宽度，当设有中间带、变速道、爬坡车道、应急停车带等时，应包括这些部分的宽度。

8. 路段里程：指公路中心线长度。分离式上下行路线里程按路线桩号递增方向，即按公路里程桩号排序方向右侧的主线统计里程数。村道中，全线为等外路，并且所有路段路基宽度<4.5米、路面宽度<3.0米的路线不纳入统计。

9. 共用路段：共用路段是指两条及多条路线共同使用的路段。"是否为共用路段"项的填报原则为：

（1）共同使用该路段的多条路线中，公路行政等级最高的路线中的该路段视为非共用路段，"是否为共用路段"项填写"否"；其他路线对应的该路段视为共用路段，"是否为共用路段"项填写"是"。

（2）若共同使用该路段的多条路线中，同为最高公路行政等级的路线有两条或两条以上，则需选择一条路线编号最小的路线对应的该路段为非共用路段，"是否为共用路段"项填写"否"；其他路线对应的该路段视为共用路段，"是否为共用路段"项填写"是"。

如果"是否为共用路段"为"是"时，需要在"所共用路段代码"中填写该共用路段中被确定为非共用路段的路段代码。即填写该共用路段中行政等级最高路线的路段序列号和路线代码或同为最高行政等级线路中路线编号最小路线的路段序列号和路线代码。如果所共用路段为国道或省道，则只填写路线编号即可。

10. 变更原因：指本年度造成农村公路技术指标发生变化的原因。代码项如附表4-4所示。

农村公路技术指标变更代码 　　　　　　附表4-4

代　码	代码名称	代码说明
10	未变更	指与上年数据比，所有指标及线形均未发生变更
11	新建	一般指从无到有、平地起家开始建设的路段 （含已存在，但全线未达到农村公路最低统计标准的路段）
12	改建	指通过固定资产投资，提高、改善农村公路技术状况
14	漏统	指在往年已竣工路段未纳入统计，今年纳入统计
21	指标变更或地理位置变更	指路段的属性指标或地理位置发生变更

11. 原路线代码：指本年路段根据空间位置对应上年农村公路的路线代码，新建路段无须填写此指标。

12. 原路线起点桩号：指本年路段根据空间位置对应上年农村公路路线的起

点桩号,新建路段无须填写此指标。

13. 原路线讫点桩号:指本年路段根据空间位置对应上年农村公路路线的讫点桩号,新建路段无须填写此指标。

14. 车道数量:按照公路路段主线实际行车道数量,如:1 为单车道、2 为双车道、10 为十车道。主线车道数是指公路在非高峰时段上下双向用于车辆通行主要车道数,它不包括用于停车、车辆转弯、收费站、车辆迂回、服务区匝道等用途的车道数。划有车道标线的路段,按实际车道个数填写。无车道标线的路段,依据《公路工程技术标准》(JTG B01—2014),行车道宽在 14 米(含 14 米)以上的,不少于四车道;行车道宽在 14 米以下、6 米(含 6 米)以上的为双车道;行车道宽在 6 米以下时,按单车道填写。等外公路也按单车道填写。

15. 地貌:地貌类型对应填写:山岭、重丘、微丘、平原。有多项地貌特征的路段,按主要地貌特征填写。代码项如附表 4-5 所示。

地貌类型代码　　　　　　　　　　　　　　　　附表 4-5

代 码	代 码 名 称	代 码	代 码 名 称
1	山岭	3	微丘
2	重丘	4	平原

16. 路段收费性质:按照路段的收费性质对应填写:非收费路段填写"非收费";政府还贷性收费公路填写"还贷";经营性收费公路填写"经营";尚未开始收费的收费公路填写"未收费"。代码项如附表 4-6 所示。

路段收费性质代码　　　　　　　　　　　　　　附表 4-6

代 码	代 码 名 称	代 码	代 码 名 称
1	非收费	3	经营
2	还贷	9	未收费

17. 最近一次修复养护年度:填写该路段最近修复工程的年度,填写格式为 4 位日期型数字(YYYY)。自新建或升级改造以来未进行过修复工程的路段,最近一次修复工程年度不填写。

18. 是否按干线公路管理接养:路网调整时由国省道调整农村公路的路段,仍按国省干线公路管理管养的路段填"是"。

农村公路变更桥梁明细表

（交行统 NG102 表）

1. 桥梁代码:以其所在路线为基础,以路线代码＋一位桥梁标识符(L)＋四位顺序号自路线起点至终点顺序编制,桥梁代码为 15 位且不得重复。位于分离式路基的上、下行路段上的公路桥梁分别单独编号,均纳入统计;位于共用路段上的桥梁仅按最高行政等级路线填报。

2. 桥梁名称:被调查桥梁的名称,有正式名称的用正式名称,无正式名称的可用俗称,或以路线编号命名并顺序排列。例如:X101 一桥,X101 二桥……。

3. 建成时间:填写该桥梁作为新建数纳入统计的年度;因升级或其他原因重建的桥梁,建成时间填写该桥梁重建后通车的年度。填写格式为 4 位日期型数字（YYYY）。漏报补报的桥梁按实际建成时间填写。

4. 桥梁全长:按桥梁全长(总长度)计算,有桥台的桥梁为两岸桥台侧墙或八字墙尾端间的距离;无桥台桥梁为桥面系长度。

5. 设计荷载等级:符合《公路工程技术标准》(JTG B01—2014)规定的,按照标准填报。代码项如附表 4-7 所示。

桥梁设计荷载等级代码　　　　　　　　附表 4-7

代码	代码名称	代码	代码名称
1	公路—Ⅰ级	5	汽车—15 级
2	公路—Ⅱ级	6	汽车—13 级
3	汽车—超 20 级	7	汽车—10 级
4	汽车—20 级	9	低于汽车—10 级

6. 按跨径分类:桥梁按跨径可分为特大桥、大桥、中桥和小桥。代码项如附表 4-8 所示。

桥梁跨径代码　　　　　　　　附表 4-8

代码	代码名称	多孔跨径总长 L(米)	单孔跨径 L_k(米)
1	特大桥	$L > 1000$	$L_k > 150$
2	大桥	$100 \leq L \leq 1000$	$40 \leq L_k \leq 150$

续上表

代码	代码名称	多孔跨径总长 L(米)	单孔跨径 L_k(米)
3	中桥	$30 < L < 100$	$20 \leq L_k < 40$
4	小桥	$8 \leq L \leq 30$	$5 \leq L_k < 20$

对于多孔桥梁,按照单孔最大跨径长度或多孔跨径总长判断的桥涵分类如果不一致,则以桥涵分类高为准。例如:某桥桥梁长度和跨径总长为83.6米,单孔最大跨径为45米,按照多孔跨径总长判断为中桥,按照单孔最大跨径判断为大桥,因而此桥应填报为大桥。单孔跨径小于5米的为涵洞。

7. 按使用年限分类:指桥梁的使用年限,分为永久性桥梁、半永久性桥梁和临时性桥梁。代码项如附表4-9所示。

桥梁使用年限代码　　　　　　　　　　　　　　　　　附表4-9

代码	代码名称	代码说明
1	永久性桥梁	指上、下部结构均用耐久性材料(如钢、钢筋混凝土、石料等)建筑的供长期使用的桥梁
2	半永久性桥梁	指下部结构采用耐久性材料(如石料、混凝土等),上部结构采用木材建筑的桥梁
3	临时性桥梁	指上、下部结构均采用非耐久性材料(如木料)建造的或供短期使用的桥梁

8. 桥梁上部结构类型:桥梁主跨的上部结构形式。代码项如附表4-10所示。

桥梁上部结构类型代码　　　　　　　　　　　　　　　附表4-10

代码	代码名称	代码	代码名称
11	空心板梁	21	连续T梁
12	整体现浇板	22	连续箱梁
13	T梁	30	悬臂梁
14	I形梁	41	板拱
15	II形梁	42	肋拱
16	箱形梁	43	双曲拱
17	桁架梁	44	箱形拱
18	实心板梁	45	桁架拱
19	肋板梁	46	刚架拱
20	组合式梁	47	系杆拱

续上表

代码	代码名称	代码	代码名称
48	石拱桥	54	连续刚构
49	其他拱桥	61	悬索桥
51	门式刚构	62	自锚悬索桥
52	斜腿刚构	70	斜拉桥
53	T形刚构	90	其他桥

9. 技术状况评定等级:按照《公路桥涵养护规范》(JTG 5120—2021)填写最近一次桥梁技术状况评定等级。代码项如附表4-11所示。

桥梁技术状况评定等级代码 附表4-11

代码	代码名称	代码	代码名称
1	一类	4	四类
2	二类	5	五类
3	三类	9	未评定

10. 桥梁全宽:桥梁两侧外沿之间的宽度。

11. 桥面全宽:为桥面全部宽度,含中央分隔带、人行道、护栏等宽度。

12. 桥面净宽:为行车道宽度,包括加(减)速车道、爬坡车道、紧急停车带、慢车道、错车道等,不包括中央分隔带、人行道、护栏等宽度。

13. 管养单位名称:填写当前对桥梁实施养护管理单位的名称。有多家单位共同参与养管的,应一并填写并用顿号分开。

14. 变更原因:指与上年技术指标相比,本年度桥梁技术指标发生变化的原因。代码项如附表4-12所示。

桥梁技术指标变更代码 附表4-12

代码	代码名称	代码说明
10	未变更	指与上年数据比,所有指标均未发生变更
11	新建	一般指从无到有、平地起家建设的桥梁(含涵改桥、撤渡建桥等项目建设的桥梁)
12	改建	指通过固定资产投资,提高、改善桥梁技术状况
14	漏统	指在往年已竣工路段未纳入统计,今年纳入统计
21	指标变更或地理位置变更	指桥梁的属性指标或地理位置发生变更

15. 原桥梁代码:指对应上年农村公路桥梁的桥梁代码,新建桥梁无须填写此指标。

16. 桥墩类型:填写主桥主跨的桥墩类型代码及类型。代码如附表4-13所示。

主桥主跨的桥墩类型代码　　　　　　附表4-13

代码	代码名称	代码	代码名称
10	无	19	X形墩
11	重力式墩	20	Y形墩
12	单柱墩	21	V形墩
13	双柱式墩	22	H形墩
14	多柱墩	24	薄壁墩
15	桁架式墩	25	石砌轻型墩
16	构架式墩	30	混合式墩
17	排架墩	90	其他
18	双壁墩		

17. 抗震等级:填写设计抗震烈度等级。代码如附表4-14所示。

桥梁设计抗震烈度等级代码　　　　　　附表4-14

代码	代码名称	代码	代码名称
1	<0.05,或6度以下	4	0.20、0.30,或8度
2	0.05,或6度	5	≥0.40,或9度及以上
3	0.10、0.15,或7度		

18. 跨越地物类型:填写桥梁跨越地物类型。代码如附表4-15所示。

跨越地物类型代码　　　　　　附表4-15

代码	代码名称	代码	代码名称
1	河流(包括运河、湖泊、干河槽)	6	铁路
2	跨海	7	水渠
3	沟壑	8	旱地
4	管道(大型输送管道)	9	其他
5	道路(包括非机动车道)		

19. 通航等级:根据《内河通航标准》(GB 50139—2014)对所跨河流分类填写:不通航、一级、二级、三级、四级、五级、六级、七级。代码项如附表4-16所示。

桥梁所跨河流等级代码　　　　　　　　　　　附表 4-16

代　码	代码名称	代　码	代码名称
0	不通航	4	四级
1	一级	5	五级
2	二级	6	六级
3	三级	7	七级

20. 墩台防撞设施类型：根据墩台防撞设施的类型填写：软防护、硬防护、无防护。软防护是指采取以航标等引导设施为主的防撞措施；硬防护是指采取以防撞墩等设施为主的防撞措施；无防护是指没有采取任何防撞措施。代码项如附表 4-17 所示。

墩台防撞设施类型代码　　　　　　　　　　　附表 4-17

代　码	代码名称	代　码	代码名称
1	软防护	3	无防护
2	硬防护		

21. 管养单位性质代码：按照管养单位的性质填写。代码项如附表 4-18 所示。

管养单位性质代码　　　　　　　　　　　附表 4-18

代　码	代码名称	代　码	代码名称
1	公路交通部门养护管理	9	其他部门养护管理
2	公路交通部门与其他部门共同养护管理		

22. 收费性质：按照桥梁的收费性质填写。代码项如附表 4-19 所示。

桥梁收费性质代码　　　　　　　　　　　附表 4-19

代　码	代码名称	代　码	代码名称
1	非收费	3	经营
2	还贷	9	未收费

23. 最新改造是否属于危桥改造项目：指此次改造工程是否属于向部统计报送的农村公路危桥改造项目。

24. 最新改造工程性质：2018 年以前的工程，桥梁改造工程分类按："中修"

"大修""改建""重建"填写;2018年以后的工程,按:"修复养护""专项养护""应急养护"填写。拆除重建的桥梁,按照新建桥梁填报。代码项如附表4-20所示。

桥梁改造工程性质代码　　　　　　　　　　　附表4-20

代码	代码名称	代码	代码名称
2	中修	6	修复养护
3	大修	7	专项养护
4	改建	8	应急养护
5	重建		

25.交通管制措施:根据四五类桥梁交通管制情况对应填写。代码项如附表4-21所示。

桥梁交通管制情况代码　　　　　　　　　　　附表4-21

代码	代码名称	代码	代码名称
1	正常使用	3	封闭交通
2	限制交通	4	废弃

26.桥梁上部结构材料:填写桥梁主跨的上部结构材料代码和名称。代码如附表4-22所示。

桥梁主跨上部结构材料代码　　　　　　　　　附表4-22

代码	代码名称	代码	代码名称
11	混凝土	17	其他圬工材料
12	钢筋混凝土	18	钢
13	钢管混凝土	19	木
14	钢混组合	20	混合材料
15	预应力钢筋混凝土	90	其他材料
16	石		

27.桥梁所在位置:根据桥梁位置对应填写。代码项如附表4-23所示。

桥梁所在位置代码　　　　　　　　　　　　　附表4-23

代码	代码名称	代码	代码名称
1	上行	4	匝道
2	下行	5	跨线
3	双向	6	线外

农村公路变更隧道明细表

（交行统 NG103 表）

1.隧道代码:以其所在路线为基础,以路线代码＋一位隧道标识符(U)＋四位顺序号自路线起点至终点顺序编制,隧道代码的长度为15位,隧道代码不允许重复;位于分离式路基的上、下行路段上的公路隧道分别单独编号,均纳入统计;位于共用路段上的隧道仅按最高行政等级路线填报。

2.隧道名称:被调查隧道的名称,有正式名称的用正式名称,无正式名称的可用俗称或以路线编号命名并顺序排列。例如:X101 一隧、X101 二隧……。

3.隧道入口桩号:填写隧道入口点位置的里程桩号。

4.技术状况评定:按照《公路隧道养护技术规范》(JTG H12—2015),分别填写隧道总体、土建结构、机电设施、其他工程设施的技术状况评定等级(一类、二类、三类、四类、五类),技术状况评定工作应按照《公路隧道养护技术规范》(JTG H12—2015)规定程序进行。代码项如附表4-24所示。

公路隧道技术状况评定等级代码　　　　　　附表4-24

代　码	代码名称	代　码	代码名称
1	一类	4	四类
2	二类	5	五类
3	三类	9	未评定

5.隧道长度:指隧道由进口处至出口处的实际长度。

6.隧道净高:指隧道穹顶与路中线之间的净高值。一般情况下,采集隧道穹顶与路中线之间的垂直距离。

7.管养单位名称:填写当前对隧道实施养护管理单位的名称。有多家单位共同参与养管的,应一并填写并用顿号分开。

8.变更原因:指与上年技术指标相比,本年度隧道技术指标发生变化的原因。代码项如附表4-25所示。

隧道技术指标变更代码 附表 4-25

代 码	代 码 名 称	代 码 说 明
10	未变更	指与上年数据相比,所有指标均未发生变更
11	新建	一般指从无到有建设的隧道
12	改建	指通过固定资产投资,提高、改善隧道术状况
14	漏统	指在往年已竣工路段未纳入统计,今年纳入统计
21	指标变更或地理位置变更	指隧道的属性指标或地理位置发生变更

9.原隧道代码:指对应上年农村公路隧道的隧道代码,新建隧道无须填写此指标。

10.按隧道长度分类:按《公路工程技术标准》(JTG B01—2014)中隧道分类标准,对应填写:1.特长隧道、2.长隧道、3.中隧道、4.短隧道四种类型。代码项如附表 4-26 所示。

隧道长度分类代码 附表 4-26

代 码	代 码 名 称	隧道长度 L(米)
1	特长隧道	$L > 3000$
2	长隧道	$1000 < L \leqslant 3000$
3	中隧道	$500 < L \leqslant 1000$
4	短隧道	$L \leqslant 500$

11.隧道养护等级:根据公路等级、隧道长度和交通量大小,填写隧道养护等级(一级、二级、三级),见《公路隧道养护技术规范》(JTG H12—2015)。代码项如附表 4-27 所示。

隧道养护等级代码 附表 4-27

代 码	代 码 名 称	代 码	代 码 名 称
1	一级	3	三级
2	二级		

12.管养单位性质:填写代码 1、2、9,分别对应 1.公路交通部门养护管理、2.公路交通部门与其他部门共同养护管理、9.其他部门养护管理。代码项如附表 4-28 所示。

管养单位性质代码 附表4-28

代码	代码名称	代码	代码名称
1	公路交通部门养护管理	9	其他部门养护管理
2	公路交通部门与其他部门共同养护管理		

13.最新改造工程性质:2018年以前的工程,隧道改造工程分类按:"中修""大修""改建""重建"填写;2018年以后的工程,按:"修复养护""专项养护""应急养护"填写。拆除重建的桥梁,按照新建隧道填报。代码项如附表4-29所示。

隧道改造工程性质代码 附表4-29

代码	代码名称	代码	代码名称
2	中修	6	修复养护
3	大修	7	专项养护
4	改建	8	应急养护
5	重建		

14.隧道所在位置:根据隧道位置相应填写。代码项如附表4-30所示。

隧道所在位置代码 附表4-30

代码	代码名称	代码	代码名称
1	上行	3	双向
2	下行		

农村公路变更渡口明细表

（交行统 NG104 表）

1.渡口代码:渡口代码以其所在路线为基础,以所属路线代码 + 一位渡口标识符(D) + 四位顺序号自路线起点至终点顺序编制,渡口代码的长度为 15 位,渡口代码不允许重复;位于分离式路基的上、下行路段上的公路渡口分别单独编号,均纳入统计;位于共用路段上的渡口仅按最高行政等级路线填报。

2.渡口名称:被调查渡口的名称,有正式名称的用正式名称,无正式名称的可用约定俗成或以路线编号命名并顺序排列。例如:X101 一渡、X101 二渡……。

3.变更原因:指与上年技术指标相比,本年度渡口技术指标发生变化的原因。代码项如附表 4-31 所示。

渡口技术指标变更代码　　　　　　　　　　　附表 4-31

代码	代码名称	代码说明
10	未变更	指与上年数据相比,所有指标均未发生变更
11	新建	一般指从无到有建设的渡口
12	改建	指通过固定资产投资,提高、改善渡口术状况
14	漏统	指在往年已竣工路段未纳入统计,今年纳入统计
21	指标变更或地理位置变更	指渡口的属性指标或地理位置发生变更

4.原渡口代码:指对应上年农村公路渡口的渡口代码,新建渡口无须填写此指标。

乡(镇)、建制村通畅变更明细表

(交行统 NG106 表、NG107 表)

1. 乡(镇)、建制村代码:根据民政部《统计上使用的县以下行政区划代码编制规则》。乡(镇)、建制村代码编码统一采用12位编码,分为三段,做到不重、不漏,且留有备用编码。行政区划以民政部公布最新的行政区划为准(网址:http://www.mca.gov.cn/article/sj/xzqh/)。

2. 乡(镇)、建制村名称:指民政部门核准的乡(镇)、建制村的正式名称。

3. 县级行政区划代码:指民政部公布乡(镇)、建制村所属县级单位的行政区划代码。

4. 所属省份:指乡(镇)、建制村所属省级单位的名称。

5. 所属市(地、州、盟):指乡(镇)、建制村所属市级单位的名称。

6. 所属县(市、区、旗):指乡(镇)、建制村所属县级单位的名称。

7. 城乡类别:原则上以国务院批准的行政建制单位和行政区划作为划分对象,即对国家批准的街道、镇、乡的行政区域进行划分,以政府驻地实际建设的连接状况为依据,以居委会、村委会为基本划分单元。代码项如附表4-32所示。

行政区域划分代码　　　　　　　　　　　　附表4-32

代　码	代码名称	代　码	代码名称
11	街道	21	居民委员会
12	乡	22	村民委员会
13	镇	23	其他村级单位
14	其他乡级单位		

乡(镇)城乡类别为乡、镇、其他乡级单位时,需填写《乡(镇)通畅变更明细表》的基本信息和通达现状信息;建制村城乡类别为村民委员会、其他村级单位时需填写《建制村通畅变更明细表》的基本信息和通达现状信息。

8. 乡(镇)、建制村人口:指乡(镇)、建制村管辖范围内的常住人口数量。原则上按调查标准时间的实际数量填写。

9. 所辖建制村数量:指乡(镇)单位所管辖的建制村的实际数量,当管辖范围建制村为自身时,所辖建制村数量填"1"。

10. 所辖自然村数量:指建制村填写所管辖的自然村的实际数量,原则上按调查标准时间的实际数量填写,当建制村所辖自然村为自身时,自然村数量填"1"。

11. 所属地形:按以下三种地形选择填写。代码项如附表4-33所示。

乡(镇)、建制村所属地形代码　　　　　　　　　　　附表4-33

代码	代码名称	代码说明
1	平原、微丘	平原指地形平坦,无明显起伏,地面自然坡度一般在3度以下的地形;微丘指地面坡度在20度以下,相对高差在100米以下的地形
2	山岭、重丘	山岭指地形变化复杂,地面坡度大部分在20度以上的地形;重丘指连绵起伏的山丘,具有深谷和较高的分水岭,地面自然坡度一般在20度以上的地形
3	岛屿	指四面环水,与周边无陆地连接的地形,包括处于海洋、湖泊中的岛屿和处于江河中的江心洲等

12. 通达现状:指根据交通运输部对乡(镇)(含其他乡级单位)、建制村(含其他村级单位)通达、通畅计算的有关规定和标准(见附录一),依据优选通达路线的技术状况,确定的乡(镇)(含其他乡级单位)、建制村(含其他村级单位)通达、通畅状况。代码项如附表4-34所示。

乡(镇)、建制村通达、通畅状况代码　　　　　　　附表4-34

代码	代码名称	代码	代码名称
1	已通畅	3	未通达
2	已通达、未通畅		

13. 优选通达路线行政等级:当优选通达路线为"城市道路"时,不填写优选通达路线代码、名称;其他行政等级必须填写优选通达路线代码和优选通达路线名称。代码项如附表4-35所示。

优选通达路线行政等级代码　　　　　　　　　　　附表4-35

代码	代码名称	代码	代码名称
G	国道	Z	专用公路
S	省道	C	村道
X	县道	D	城市道路
Y	乡道		

14. 优选通达路线代码、名称：指直接通至或穿越乡（镇）（含其他乡级单位）、建制村（含其他村级单位）所在地的通达路线的代码、名称。

15. 是否已通三级及以上公路：指乡（镇）是否已连接到三级及以上公路路网（含连接到城市道路或高速公路入口）。代码项如附表4-36所示。

是否已通三级及以上公路代码 附表4-36

代　码	代码名称	代　码	代码名称
1	是	2	否

较大人口规模自然村(组)变更明细表

(交行统 NG108 表)

1. 自然村(组)代码:自然村(组)主要指农村地域内由居民自然聚居而形成的村落。自然村与行政村在地域上往往会相互重叠,如果一个自然村包括多个行政村,按一个自然村计算。自然村(组)代码的长度为 15 位,前 12 位为所属建制村代码(若一个自然村包括多个建制村,选择其中一个建制村代码即可),最后三位为自然村(组)代码,代码范围为 001~999,做到不重、不漏,且留有备用编码。

2. 自然村(组)名称:指较大人口规模自然村(组)聚居区的名称。

3. 县级行政区划代码:指民政部公布较大人口规模自然村(组)所属县级单位的行政区划代码。

4. 所属省份:指自然村(组)所属省级单位的名称。

5. 所属市(地、州、盟):指自然村(组)所属市级单位的名称。

6. 所属县(市、区、旗):指自然村(组)所属县级单位的名称。

7. 通达现状:指根据交通运输部对较大人口规模自然村(组)通达、通畅(或通硬化路)计算的有关规定和标准,见附录(一),依据优选通达路线的技术状况,确定的较大人口规模自然村(组)通达、通畅状况。代码项如附表 4-37 所示。

较大人口规模自然村(组)通达、通畅状况代码　　　　附表 4-37

代 码	代 码 名 称	代 码	代 码 名 称
1	已通畅	4	未通畅

8. 优选通达路线行政等级:当优选通达路线为"城市道路"时,不填写优选通达路线代码、名称;其他行政等级必须填写优选通达路线代码和优选通达路线名称。代码项如附表 4-38 所示。

优选通达路线行政等级代码　　　　附表 4-38

代 码	代 码 名 称	代 码	代 码 名 称
G	国道	Z	专用公路
S	省道	C	村道

续上表

代　　码	代码名称	代　　码	代码名称
X	县道	D	城市道路
Y	乡道	W	通自然村(组)道路

通自然村(组)道路是指不在国省道、农村公路范围内,连接较大人口规模自然村(组)的优选通达路线。如"优选通达路线行政等级"为"通自然村(组)道路"时,须填写《较大人口规模自然村(组)变更明细表》续表(二)和续表(三)的优选通达路线相关信息。

9.优选通达路线代码、名称:指直接通至或穿越较大人口规模自然村(组)所在地的通达路线的代码、名称。

10.路段代码:填报范围为不为国省道和农村公路的较大人口规模自然村(组)优选通达路线。路段代码的长度为13位,按 W+三位编号+县级行政区划代码+三位路段序列号进行编码,三位编号要保证在相同县级单位内没有重复,当路线数量超过999条时,可以使用大写字母(A-Z)进行编号(如 WA01、WA02……)。

11.路段划分原则:符合以下条件之一,均须进行分段,保证路段代码在同一路线(指路线代码相同的路线)内没有重复,但不要求连续,并保持路段起讫点桩号的连续性。

(1)行政区划发生变化:路线经过的乡级及以上行政区域的辖区发生变更时须分段。

(2)技术等级发生变化:路线的技术等级发生变化时须分段。技术等级代码项如附表4-39所示。

路段技术等级代码　　　　　　　　　　　　附表4-39

代　　码	代码名称	代　　码	代码名称
1	高速公路	4	三级公路
2	一级公路	5	四级公路
3	二级公路	6	等外公路

(3)路面类型发生变化:路线的三种基本路面类型,即"沥青混凝土路面""水泥混凝土路面""简易铺装路面",以及"未铺装路面"中细分的"砂石路面""石质路面""渣石路面""砖铺路面"和"无路面"和"混凝土预制块"共9种路面类型发

生变化时,原则上须分段。其中:石质路面指用各种石材铺装的路面,如弹石路、石板路等;渣石路面指用矿渣、煤渣等材料铺装的路面;砖铺路面指用各种砖材铺装的路面;混凝土预制块指用水泥混凝土预制块铺装的路面。路段路面类型代码项如附表4-40所示。

路段路面类型代码 附表4-40

代码	代码名称	代码	代码名称
1	沥青混凝土路面	6	渣石路面
2	水泥混凝土路面	7	砖铺路面
3	简易铺装路面	8	无路面
4	砂石路面	9	混凝土预制块
5	石质路面		

(4)共用路段:一条路线与另一条或几条路线共用路段部分须分段。

12.路段起(讫)点地名:路段起(讫)点地名命名须遵循以下原则。

(1)以路段起讫点所处或最近的地理位置命名。

(2)相连的两个路段,下一路段的起点名称要与上一路段的讫点名称一致。

(3)对于不靠近较大人口自然村(组)的路段起(讫)点,可选择附近的标志性地物名称作为起(讫)点地名,周边没有明显标志的可用里程值作为起(讫)点地名。

13.路基宽度:即行车道与路肩宽度之和,当设有中间带、变速道、爬坡车道、应急停车带等时,应包括这些部分的宽度。

14.路面宽度:即行车道宽度,当设有中间带、变速道、爬坡车道、应急停车带等时,应包括这些部分的宽度。

15.路段里程:指公路中心线长度。此部分路线不纳入年报里程统计。

16.共用路段:共用路段是指两条及多条路线共同使用的路段。"是否为共用路段"项的填报原则为:

(1)共同使用该路段的多条路线中,公路行政等级最高的路线中的该路段视为非共用路段,"是否为共用路段"项填写"否";其他路线对应的该路段视为共用路段,"是否为共用路段"项填写"是"。

(2)若共同使用该路段的多条路线中,同为最高公路行政等级的路线有两条或两条以上,则需选择一条路线编号最小的路线对应的该路段为非共用路段,"是否为共用路段"项填写"否",其他路线对应的该路段视为共用路段,"是否为共用路段"项填写"是"。

如果"是否为共用路段"为"是"时,需要在"所共用路段代码"中填写该共用路段中被确定为非共用路段的路段代码。即填写该共用路段中行政等级最高路线的路段序列号和路线代码或同为最高行政等级线路中路线编号最小路线的路段序列号和路线代码;如果所共用路段为国道或省道,则只填写路线编号即可。

五、附 录

(一) 乡(镇)、建制村通畅和较大人口规模自然村(组)通畅(通硬化路)计算规定

原则上应满足《公路工程技术标准》(JTG B01—2014)或《小交通量农村公路工程技术标准》(JTG 2111—2019)。

1. 乡(镇)、建制村通达标准

第一点,通达路线技术状况:①乡(镇)通达路线原则上应为四级及以上公路,对于工程艰巨、地质复杂、交通量小或通至人口较少乡镇的路线,路面宽度应≥3.5米。②建制村通达路线原则上按四级公路标准建设,对于工程艰巨、地质复杂、交通量小、占用耕地较多或通至人口较少建制村的路线,路面宽度应≥3.0米。

第二点,通达路线路面类型:乡(镇)、建制村通达路线的路面类型不能为"无路面"。

第三点,通达路线必须通至乡镇、建制村的下列位置之一:

——对于乡(镇)的通达位置

①穿越乡(镇)政府所在的居民聚居区域。

②通至乡(镇)政府驻地。

③通至乡(镇)政府所在的居民聚居区域边缘,并与聚居区域内部的一条街道连接。

——对于建制村的通达位置

①穿越建制村所在的居民聚居区域。

②通至建制村的某个公众活动、服务场所。公众活动、服务场所仅指村委会、学校、敬老院、公共医疗机构。

③通至建制村所在的居民聚居区域或某个人口较多的居民聚居区域边缘,并与聚居区域内部的一条道路连接。

2. 乡(镇)、建制村通畅(通硬化路)标准

凡在通达基础上,由路面类型为有铺装路面(沥青混凝土、水泥混凝土路面)、简易铺装路面(沥青贯入式、沥青碎石、沥青表面处治路面)和其他硬化路面[石质路面(含弹石、条石等)、混凝土预制块路面、砖铺路面等]的通达路线连通的乡(镇)、建制村。

3. 较大人口规模自然村(组)通畅(或通硬化路)标准

自然村(组)优选通达路线原则上应为路面宽度≥3.5米的四级及以上公路,且路面类型为有铺装路面(沥青混凝土、水泥混凝土路面)、简易铺装路面(沥青贯入式、沥青碎石、沥青表面处治路面)和其他硬化路面[石质路面(含弹石、条石等)、混凝土预制块路面、砖铺路面等]的通达路线连通的自然村(组)。

对于西部建设条件特别困难、高海拔高寒、交通量小和环境敏感的地区,乡(镇)、建制村和较大人口规模自然村(组)通畅(或通硬化路)可扩展到砂石路面的公路。

本制度印发之日前已建成的通乡(镇)、建制村和较大人口规模自然村(组)公路(或道路),继续按原有统计标准认定,但在改建时应满足相关技术标准。

(二)向国家统计局提供的具体统计资料清单

根据工作需要,根据双方协商可提供有关统计数据。

(三)向统计信息共享数据库提供的具体统计资料清单

根据工作需要,经双方协商可提供有关统计数据。

参 考 文 献

[1] 刘彦随,周成虎,郭远智,等.国家精准扶贫评估理论体系及其实践应用[J].中国科学院院刊,2020,35(10):1235-1248.

[2] 岳凌生,杨柳春,金杭川.精准扶贫、精准脱贫的"质检仪"——记"国家精准扶贫成效评估决策关键技术及其应用团队"[J].中国科学院院刊,2020,35(Z2):101-109.

[3] Liu Y S, Guo Y Z, Zhou Y. Poverty Alleviation in Rural China: Policy Changes, Future Challenges and Policy Implications[J]. China Agricultural Economic Review, 2018, 10(2): 241-259.

[4] Liu Y S, Liu J L, Zhou Y. Spatio-temporal Patterns of Rural Poverty in China and Targeted Poverty Alleviation Strategies[J]. Journal of Rural Studies, 2017, 52: 66-75.

[5] 李玉恒,武文豪,宋传垚,等.世界贫困的时空演化格局及关键问题研究[J].中国科学院院刊,2019,34(1):42-50.

[6] 李慧,鲁茂.四川省精准扶贫政策的效应跟踪研究[J].西部学刊,2018,12:31-36.

[7] 束明鑫.美国的交通扶贫政策[J].交通世界,2004,6:34-38.

[8] 刘南,周庆明.交通基础设施建设投资对国民经济拉动作用的定量分析[J].公路交通科技,2006,23(5),150-154.

[9] 宫留记.政府主导下市场化扶贫机制的构建与创新模式研究——基于精准扶贫视角[J].中国软科学,2016,5,154-162.

[10] 杜永红.数据背景下精准扶贫绩效评估研究[J].求实,2018(2):87-96.

[11] 王花兰,王宝丽,张博旭,等.交通扶贫模式绩效评价指标体系——以甘肃农村为例[J].综合运输,2019,41(7),30-35.

[12] Shi W, Miao Z, Debayle J. An Integrated Method for Urban Main-road Centerline Extraction From Optical Remotely Sensed Imagery[J]. IEEE Transactions on Geoscience and Remote Sensing, 2014, 52(6): 3359-3372.

[13] 连仁包,王卫星,李娟.自适应圆形模板及显著图的高分辨遥感图像道路提取[J].测绘学报,2018,47(7):950-958.

[14] Zhao J Q, Yang J, Li P X, et al. Semi-automatic Road Extraction from SAR Images Using EKF and PF[C]//Proceedings of the International Archives of the Photogrammetry, Remote Sensing and Spatial Information Sciences. Kona, Hawaii, USA: ISPRS, 2015: 227-230.

[15] Chinnathevar S, Dharmar S. Fpga Implementation of Road Network Extraction Using Morphological Operator[J]. Image Analysis and Stereology, 2016, 35(2): 93-103.

[16] 张永宏,夏广浩,阚希,等.基于全卷积神经网络的多源高分辨率遥感道路提取[J].计算

机应用,2018,38(07):2070-2075.

[17] 安丽.改进的Hough变换在复杂场景下高分辨率遥感影像道路提取[J].测绘与空间地理信息,2018,41(03):116-117,120.

[18] 符喜优,张凤丽,王国军,等.基于模糊连接度的高分辨率SAR图像道路自动提取[J].计算机应用,2015,35(2):523-527.

[19] Perciano T,Tupin F,Hirata Jr R,et al. A Two-level Markov Random Field for Road Network Extraction and Its Application with Optical, SAR, and Multitemporal Data[J]. International Journal of Remote Sensing,2016,37(16):3584-3610.

[20] Rajeswari M,Gurumurthy K S,Reddy L P,et al. Automatic road extraction based on level set, normalized cuts and mean shift methods[J]. International Journal of Computer Science Issues (IJCSI),2011,8(3):250.

[21] 赵展,闫利,夏旺.一种基于概率框架的遥感影像分割方法[J].测绘通报,2018(4):10-15.

[22] 丁磊,张保明,郭海涛,等.矢量数据辅助的高分辨率遥感影像道路自动提取[J].遥感学报,2017,21(1):84-95.

[23] 袁鹏飞,黄荣刚,胡平波,等.基于多光谱LiDAR数据的道路中心线提取[J].地球信息科学学报,2018,20(4):452-461.

[24] 查中亮.基于多源遥感数据的道路、居民点提取及布局优化研究[D].成都:四川师范大学,2018.

[25] 戴激光,杜阳,方鑫鑫,等.多特征约束的高分辨率光学遥感影像道路提取[J].遥感学报,2018,22(5):777-791.

[26] Maboudi M,Amini J,Hahn M,et al. Object-based Road Extraction from Satellite Images Using Ant Colony Optimization[J]. International Journal of Remote Sensing,2017,38(1):179-198.

[27] Li M,Stein A,Bijker W,et al. Region-based Urban Road Extraction from VHR Satellite Images Using Binary Partition Tree[J]. International Journal of Applied Earth Observation and Geoinformation,2016,44:217-225.

[28] Mnih V,Hinton G E. Learning to Detect Roads in High-resolution Aerial Images[C]//European Conference on Computer Vision. Springer,Berlin,Heidelberg,2010:210-223.

[29] Simonyan K,Zisserman A. Very Deep Convolutional Networks for Large-scale Image Recognition[J]. arXiv preprint arXiv:1409.1556,2014.

[30] Zhang Z,Liu Q,Wang Y. Road Extraction by Deep Residual U-Net[J]. IEEE Geoscience and Remote Sensing Letters,2018:1-5.

[31] 孙震辉,孟庆岩,孙云晓,等.脉冲耦合神经网络的遥感影像城市道路提取[J].测绘科

学,2018,43(1):145-152.

[32] 程效猛,郑浩,眭海刚,等.结合矢量引导的高分辨率遥感影像道路自动提取[J].测绘通报,2018(9):19-23.

[33] 孟永平.基于多源数据融合的厦门市现状交通模型构建及应用[J].交通运输工程与信息学报,2020,18(4):138-144.

[34] 李慧姝.多源数据融合更新基础地理信息数据的研究[J].测绘与空间地理信息,2021,44(1):90-95.

[35] 贾继鹏,厉芳婷,侯爱羚.基于多源数据融合的基础地理信息数据动态更新[J].地理空间信息,2021,19(1):41-43.

[36] 宗刚,吴寒兵.城市交通投资与经济增长关系的实证分析[J].铁道运输与经济,2011,33(4):71-75.